NARCISISTAS

NARCISISTAS

QUÉ HACER CON PADRES, PAREJA, HIJOS, AMIGOS, JEFES QUE SE CREEN EL OMBLIGO DEL MUNDO

BERNARDO STAMATEAS

VERGARA

Papel certificado por el Forest Stewardship Council®

Primera edición: mayo de 2026

© 2025, Bernardo Stamateas
© 2025, Penguin Random House Grupo Editorial, S. A.,
Humberto I 555, Buenos Aires
© 2026, Penguin Random House Grupo Editorial, S. A. U.
Travessera de Gràcia, 47-49. 08021 Barcelona

Printed in Spain – Impreso en España

ISBN: 978-84-19820-87-7
Depósito legal: B-4.370-2026

Impreso en Romanyà Valls, S. A.
Capellades (Barcelona)

VE20877

Índice

Introducción

¿Alguna vez, mientras charlabas con alguien, has tenido la sensación de ser invisible? ¿O has sentido que, aunque te expresabas claramente, tu interlocutor no hacía otra cosa que tergiversar o empequeñecer tus palabras y transmitirte culpa?

Tal vez te ha pasado con tus compañeros, con un jefe, con tus padres, con tus hijos o con tus amigos. En esos espacios, donde supuestamente deberían escucharte y tratarte con respeto, solo te has topado con frialdad, falta de consideración (en forma de broma) o con ese silencio que hiere más que un grito.

Bienvenido al mundo del narcisista... Aquí todo da vueltas alrededor de un "yo" que nunca se conforma. Por eso, quienes lo rodean acaban convertidos en anexos, en cosas útiles que le dan lo que desea pero son descartadas cuando pretenden brillar.

Esta obra se basa en el hecho de que todo el mundo, alguna vez en su vida, ha conocido a alguien con estas características. Hay quienes solamente exhiben dichos rasgos durante algún tiempo; y también quienes poseen una "personalidad narcisista" que desgasta relaciones, crea codependencia y provoca heridas que tardan en sanar.

En este libro no diagnosticamos a nadie, sino que brindamos recursos para reconocer, entender y limitar sus acciones. Lo más grave de un narcisista no consiste únicamente en su comportamiento, sino en el hecho de que, tarde o temprano, te conduce a dudar y a avergonzarte de ti mismo. En otras palabras, a sentir que, hagas lo que hagas, nunca podrás satisfacerlo.

Te invito a realizar un recorrido a través de estas páginas. En ellas descubrirás:

- El significado del narcisismo y sus principales rasgos.
- Los ámbitos donde aplica sus distintas armas: la relación de pareja, la familia, el ámbito laboral y las amistades.
- Recursos para afrontar sus ataques, tales como frases y actitudes que pueden limitar su efecto y ayudarte a recuperar tu propia voz.

Cada capítulo no solo te brindará otra perspectiva sobre el tema, sino también una bocanada de aire fresco. El primer paso hacia la sanación consiste en reconocer la propia herida; solo así podrás volver a relacionarte de manera sana, libre y genuina.

Capítulo 1
Rasgos y estructuras narcisistas

Ella: — ¿Te has acordado de conseguir lo que te pedí por la mañana y que hace falta para la cena?

Él: —La verdad es que no. No he podido ir al supermercado porque me he ocupado de cuestiones más importantes que hacer la compra. ¿No podrías ir tú?

Ella: —Habría sido una buena idea que me avisaras.

Él: —¿Por qué siempre te tienes que quejar por algo? Me encantaría que me agradecieras alguna vez todo lo que hago por ti, en lugar de centrarte en tonterías.

¿Has tenido una conversación así con tu pareja en alguna ocasión? Parecen frases inocentes, pero tienen el poder de hacerte sentir que tus emociones no valen. Una situación cotidiana que comienza con un encargo normal por la mañana y acaba contigo sintiéndote mal, con duda, culpa o enfado por la noche. ¡Y sin tener idea de por qué! Esto suele suceder cuando se convive con un narcisista: algo insignificante se transforma en una oportunidad para controlar y opacar al otro.

Para entender por qué sucede esto, sumerjámonos más a fondo en este tipo de personalidad narcisista…

Diferencias entre un rasgo narcisista y una personalidad narcisista

Según el DSM-V (2013), la versión actualizada de este DSM-V-TR, revisado en el 2022, y algunos expertos como Otto Kernberg (psiquiatra y psicoanalista estadounidense nacido en Viena [Austria] en 1928) y Theodore Millon (psicólogo estadounidense), las características típicas del trastorno de la personalidad narcisista son una autoestima variable y vulnerable, una necesidad de admiración excesiva y de aprobación de los demás y una grandiosidad manifiesta o encubierta. Algunos de los rasgos que menciona el DSM-V acerca de una personalidad narcisista son los siguientes: falta de empatía, desprecio o falta de interés hacia los demás —considerados meramente como objetos que pueden utilizar para alcanzar sus propios fines—, excesiva necesidad de admiración, creerse una persona especial o sentirse merecedor de todos los privilegios. Además, suelen mostrarse altamente sensibles a la crítica o falta de reconocimiento[1].

---

1. https://aela.es/psicologia/trastorno-narcisista-de-la-personalidad-dsm-v/#subtitulo_1_caracteristicas_principales_del_trastorno_narcisista_de_la_personalidad

Para Kernberg, los narcisistas están centrados en sí mismos, exhiben una imagen propia desigual y exagerada y necesitan desesperadamente ser validados por los demás. Según Millon, los trastornos de la personalidad no deben ser entendidos como enfermedades mentales, sino como estilos de conducta, cognición y emoción…, entre otros[2].

Ahora bien, si solo reúno algunas de estas características, ¿soy un narcisista?

En este caso, querido lector, estamos hablando de "rasgos narcisistas", de ciertas características temporales de cualquier persona. ¿Quién no ha exhibido alguna vez un ego desmedido ante una determinada situación? Todos presentamos, en algún momento de nuestra vida —algunos en mayor medida que otros—, rasgos narcisistas. Esto no significa que tengamos una personalidad narcisista. Por eso, tenemos que comprender bien la diferencia entre "rasgos narcisistas" y "personalidad narcisista". ¿Quién de nosotros no se ha sentido, en alguna ocasión, superior a los demás o no ha buscado recibir validación exagerada en las redes sociales? Estos aspectos suelen aparecer especialmente en momentos de vulnerabilidad, pero no siempre son parte de la perso-

---

2. https://psicologiaymente.com/biografias/theodore-millon

nalidad; es decir, que no la definen ni tampoco implican un diagnóstico o un sistema.

Cuando hablamos de sistema, nos referimos a una forma estable, persistente y profunda de actuar en la vida. Los rasgos se suman de manera constante y persistente, e invaden todas las áreas vitales.

Se trata de una manera de desenvolverse, con respecto a otro, que tiene estabilidad, persistencia y profundidad. Este tipo de personas suelen presentar algunas de las siguientes características:

- Carecen de empatía sincera.
- Buscan controlar la imagen que exhiben para sentirse validados.
- Responden con enfado o con desdén cuando son blanco de críticas.
- Se relacionan para ser validados o reflejados, y no por consideración hacia el otro.
- Consideran su imagen personal como lo más importante y la utilizan para controlar el mundo emocional del otro.

Tipos de narcisistas

Ahora sí estamos en condiciones de considerar con qué tipo de narcisistas podremos encontrarnos en la vida.

A continuación, realizaremos una clasificación sobre la base de estos autores: Kernberg y Millon, y de otros tantos no citados, con fines didácticos:

El narcisista grandioso

Narcisista: —Tal vez llegue tarde mañana, pero estoy convencido de mis ideas: el tiempo es sinónimo de dinero, y yo genero dinero haciendo cosas que valen la pena y transforman la vida de otras personas. Me encanta mejorar la vida de los demás y, al mismo tiempo, obtener ganancias.

Narcisista: —¿No has pensado que, si trabajo tanto, es porque con lo que tú aportas no cubrimos los gastos?

¡Wow! Aquí podemos ver claramente a una persona narcisista: se muestra como omnipotente, segura de sí misma y superior a los demás. Exhibe esta grandiosidad de manera notoria y expresiva, lo cual es percibido por quienes la rodean. Es el prototipo del narcisista egoísta, fanfarrón y prepotente.

El narcisista adaptado

Compañero: —Has completado el maratón, ¡te felicito!

Narcisista: —Es que alguien tenía que dar el ejemplo. No me gusta nada que los demás no sean tan trabajadores ni dedicados como yo.

¡Palabras habituales de un narcisista! Siempre estará reprochándote. Ahora bien, este tipo de narcisismo es típico de la persona que cuenta con todos los rasgos que veremos en el desarrollo del libro, en las distintas etapas de su vida.

El narcisista "bueno"

Narcisista: —Hoy he traído estos chocolates caros para compartirlos con todos. Los compré ayer después del trabajo porque siempre estoy pensando en otros antes que en mí mismo.
Compañero: —¡Muchas gracias! A todos nos encanta el chocolate.
Narcisista: —¿Un "muchas gracias", nada más? A veces tengo la sensación de que los demás no me dan el valor que merezco.

Seguramente conoces a alguien así y has pensado en algún nombre. Estas repuestas son típicas de una persona bondadosa, altruista, que necesita que la perciban como el niño bueno, como el que más da, el que más ayuda. Pero, en el fondo, no soporta que lo corrijan o que no lo elogien, razón por la cual se enfadará cuando los demás no puedan ver tan magno sacrificio. En su interior, piensa: "¡Qué grande y humilde soy!".

El narcisista maligno

Compañero: —Me parece que te has equivocado en esta parte del trabajo.
Narcisista: —¿Equivocarme yo? Es interesante cómo los demás disfrutan cuando a uno le va mal.

Esta persona presenta una mezcla de narcisismo y psicopatía. Es decir, posee rasgos antisociales, no siente culpa ni remordimiento, disfruta del sometimiento y de la humillación de los demás y suele destruir a quienes se enfrentan a ella. Otto Kernberg, citado anteriormente como investigador de esta patología, establece las características de este tipo de narcisismo:

- Tendencias antisociales más pronunciadas y actos de crueldad escalofriantes, violencia e incluso de asesinatos y una patología grave del superyó, lo que explica la ausencia de culpa ante las conductas destructivas que es capaz de desplegar.
- Tendencias *borderline* de gravedad extrema, que se manifiestan como irascibilidad, impulsividad, mitomanía, baja tolerancia a la frustración, incapacidad de aplazar la gratificación, sentimientos de vacío y pensamientos crónicos suicidas.
- Comportamiento altamente sádico y rasgos paranoides marcados con mecanismos de defensa

proyectivos, desconfianza, suspicacia y sensibilidad.

- Ausencia de conciencia, culpa y autocrítica respecto de su conducta, a veces con una agresividad intensa, con tendencia a ofenderse si se les lleva la contraria, lo cual desencadena cólera (cólera narcisista).

- Presencia de vínculos inestables sin soportar otra perspectiva de la realidad, solo la propia, que rige toda su existencia[3].

El narcisista vulnerable

Equipo: —Ya nos han dado el trabajo que tenemos que realizar la semana que viene. ¡Creo que nos vamos a divertir mucho!

Narcisista: —¿Divertirnos? A mí me preocupa que nadie reconozca el gran esfuerzo que siempre hago. Porque, por lo general, los otros reciben todo el mérito mientras yo tengo que trabajar el doble de tiempo.

Equipo: —No tiene por qué ser así. Si nos organizarnos bien, podemos dividir las tareas de forma equilibrada.

Narcisista: —Quizá tengas razón…, pero es agotador trabajar duro y que nadie lo valore. Me gustaría que alguien alguna vez notara mi rendimiento.

---

3. https://www.psicoletra.com/2013/08/trastorno-narcisista-y-narcisismo.html

¿Has participado de este tipo de situaciones? Sin duda, son mucho más comunes de lo que pensamos. El narcisista encubierto podrá mostrarse débil y herido, sobre todo cuando no lo miran. Es envidioso y guarda resentimiento hacia los demás porque percibe todo como una injusticia hacia su persona. Se coloca en el lugar de víctima para procurar, así, llamar la atención. Rara vez cambia, pues su carácter es manipulador, actúa desde el sufrimiento, la culpa y la agresión pasiva. Cree ser mejor que el resto de los mortales por considerarse inteligente, culto o racional; entonces, menosprecia a todos aquellos que no alcanzan "su nivel intelectual".

¿Sabe amarse a sí mismo un narcisista?

En realidad, no se ama. Por eso, cuando los demás no lo admiran, se siente vacío y se deprime. Por lo general, exhibe ira cuando lo ignoran y colapsa cuando lo critican, pues necesita que la gente lo vea, ya que no es capaz de disfrutar de sí mismo (porque no se ama). En el fondo, está profundamente herido, desconoce su identidad y se oculta en su forma de ser para no sentir dolor. "Con su personalidad tóxica, centrada en su propia persona, 'vende' seguridad en sí mismo, decisión, ambición y fortaleza. Hasta que aparece alguien que sabe más que él y empieza el conflicto. O hasta que, con el paso del tiempo, la gente que lo rodea se da cuenta de que no es tan maravilloso ni único como él pretende hacerles creer. Y este es su propio talón de Aquiles y lo que lo hace caer"[4].

Como dice esta vieja historia[5]:

Un cuervo robó a unos pastores un pedazo de carne y se retiró a un árbol.

Lo vio una zorra. Deseando apoderarse de aquella carne, empezó a halagar al cuervo. Elogiaba sus elegantes proporciones y su gran belleza; agregaba, además, que no había encontrado a nadie mejor dotado que él para ser el rey de las aves, pero que el hecho de que no tuviera voz iba en su contra.

El cuervo, para demostrarle a la zorra que no le faltaba voz, soltó la carne para lanzar con orgullo fuertes gritos.

La zorra, sin perder tiempo, rápidamente atrapó la carne. Le dijo:

—Amigo cuervo, si además de vanidad tuvieras entendimiento, no te faltaría nada para ser el rey de las aves.

Como ves, no lo tiene todo… Por eso, cuando te enfrentes a un narcisista, recuerda: nadie es mejor ni peor

---

4. Stamateas, B. (2014). *Más gente tóxica*. Ediciones B.
5. Fábula de Esopo.

que otro. Valórate, ámate sanamente y no permitas que nadie te rebaje o te prive de tu valor.

Algo más a tener en cuenta, querido lector: la presente obra no está diseñada para diagnosticar a ninguna persona, pero sí te será útil para identificar y entender conductas propias o ajenas que, seguramente, si tienes este libro entre tus manos, ya habrás notado.

Sin más, sigamos adelante para conocer un poco más sobre estos tipos de personalidad...

CAPÍTULO 2

Las 13 características de la comunicación narcisista

En este capítulo estudiaremos la estructura principal del narcisista: su sistema de comunicación. Al comprender las características que analizaremos a continuación, podrás visualizar mucho mejor cómo actúa este tipo de personas en pareja, con sus vínculos laborales, en su familia, con sus amigos y con todo aquel con el que se relacionen, dado que su manera de comportarse es de "manual". Esto significa que es igual más allá de que cada área posea sus rasgos específicos. No obstante, entender su comunicación te llevará a discernir su funcionamiento.

Comencemos descubriendo cómo se comunica un narcisista.

La descalificación narcisista

¿Alguna vez has recibido un comentario que aparentemente era inofensivo pero que te hirió? Por ejemplo:

"¿Hoy te has maquillado muy rápido o lo haces siempre así?", expresado con una sonrisa leve.

No se trata de sinceridad, sino de la descalificación típica de un narcisista.

Se manifiesta en cualquier acto, palabra o gesto que intenta minimizarte, reducir o negar tu valor. ¿El fin? Hay multiplicidad de maneras de descalificar a alguien, tales como la humillación, el sarcasmo, la ignorancia de tus logros, etc. Pero veamos aquí cómo el narcisista ataca de manera sistemática para generar la desvalorización con diversos objetivos:

a. **Proteger su autoestima frágil**. Te descalifica y te desvaloriza. De esta manera, se protege a sí mismo.

b. **Expresar su envidia subyacente**. ¿Cómo lo lleva a cabo? Descalificando tus logros.

c. **Controlar la relación**. Te controlará mientras pueda hacerte sentir inferior, descargando su envidia sobre ti. Crea, así, una ilusión de superioridad y, de este modo, logra su objetivo.

Tu drama es adorable..., casi nada comparado con el mío.

Ahora bien, existen distintos tipos de descalificación. Y, para que te quede bien claro y no te quepa duda de que el otro es mejor que tú, hará lo siguiente: retará tu inteligencia con algún comentario irónico: "¿Este es el trabajo que has hecho?". O desacreditará lo que sientes con un "Por favor, ¿cómo puedes llorar por eso?", como si tu emoción no fuera importante.

Cuando le cuentes algún proyecto a futuro (como empezar una carrera), tal vez sonría burlonamente y comente: "¿Eso te parece aprender? No creo que te sea muy útil". Incluso tu aspecto exterior sufrirá algún ataque verbal por su parte: "¡Qué mal te queda ese vestido que llevas! ¿Te has mirado al espejo?".

Dejará en evidencia tu carácter tímido como si fuera un error insalvable: "No tienes carácter para trabajar en atención al cliente" y será sarcástico para que no te des cuenta de sus burlas: "He aquí el salvador de la oficina".

No tendrá problema en compararte con otros para enfatizar tus puntos débiles: "Tu amiga sí que es una buena hija...". Puede llegar a mostrar empatía para ocultar su desprecio: "Pobrecita..., me imagino lo que estarás sufriendo".

No existe sinceridad ni verdadero interés en ti en ninguna de sus frases. Solo demuestra su desesperación por no mostrarse débil y por lograr controlarte a su antojo.

Pero ¿qué sucede cuando eres víctima de su descalificación? Que eso erosiona tu autoestima, ya que muy probablemente instalará la culpa y la vergüenza en ti. Así, poco a poco, comenzarás a dudar de tus propios logros y capacidades. Lentamente, te irás restringiendo en la expresión de tus ideas porque el miedo se apoderará de ti. Y no solo eso: con el tiempo, puedes volverte un dependiente emocional del descalificador.

Si no brillas, no importa. Si brillas más que yo, tampoco importa: te apago.

¿Cómo saber que estás delante de un descalificador narcisista?

Haz una pausa, detente por un momento. Te invito a leer (y a responder en tu interior) las siguientes preguntas para identificar los patrones que suele utilizar el narcisista para descalificarte. Así sabrás con certeza si estás en presencia de uno...

- ¿Siento que no soy lo suficientemente bueno?
- ¿Dudo de mis propias capacidades?
- ¿Me asusta expresar lo que pienso?
- ¿Busco la aprobación de quien me descalifica?

Si has contestado afirmativamente a alguna de (o todas) estas preguntas, estás ante una señal de que algo anda mal. No es lo mismo **una crítica constructiva** (para ayudarte a mejorar como persona) que **una crítica des-**

calificadora (un ataque a tu identidad, ya que pretende desvalorizarte y evitar que te defiendas).

El narcisista busca evitar que crezcas y ganes autonomía. El control es su manera de instalar la dependencia emocional. Obviamente, esta envidia que siente, que jamás reconocerá, se refleja en su costumbre de descalificar al otro: **dime qué envidias y te diré qué descalificas.** Podríamos decir que la descalificación es la hermana mayor de la envidia.

> *No es que no te entienda...,*
> *es que tu historia no tiene*
> *protagonista claro: yo.*

Por eso es fundamental que estés atento, ya que la descalificación narcisista se manifiesta en forma de comentarios, gestos o actitudes que van desgastando tu autoestima, pero van "envueltos" en un papel de normalidad dentro de una pareja, una familia, una amistad o un ambiente laboral. Y siempre aparecerá de manera sutil.

El tono ambiguo que usa este tipo de persona muchas veces transmite burla o superioridad. No obstante, cuando uno le pregunte: "¿Me estás descalificando? ¿Te estás burlando de mí?", este inmediatamente contestará: "¡Qué sensible eres!". El humor descalificador es habitual; el narcisista vive comparando y utilizando la demanda paradójica. ¿Qué significa esto último? Que te pide algo y, una vez que se lo das, critica la manera en que lo has hecho. De esta forma busca invalidarte a ti y a tus emociones y, cuando te muestres dolido, dirá: "Estás exagerando; yo no dije eso. No seas tan sensible". Así terminarás abrumado por las dudas, los sentimientos de insuficiencia, la vergüenza de compartir lo que piensas y la necesidad de buscar la aprobación de tu descalificador.

Algo importante que remarcar es que la descalificación a menudo tiene un tono normal. La persona narcisista no grita, sino que susurra con voz suave, con ironía, y lentamente te va "descuartizando". Por ejemplo: "¿Tú siempre te vistes así, de cualquier manera, o es solo para esta ocasión?". Así, con una actitud pasivoagresiva, con un tono neutro, como si nada, con frialdad narcisista, te va descalificando y va reduciendo tu autoestima.

Por todo esto necesitas prestar atención: si tu prioridad es gustar o buscas convencer a quien te está descalificando, probablemente estés enfrentándote a un narcisista.

Cómo comunica su descalificación un narcisista

Al narcisista no le interesa escuchar, sino ser escuchado. Su comunicación es unidireccional. No desea conocerte, sino que lo conozcas. Tampoco le importa lo que te sucede. Por eso te interrumpe para tomar el control de la conversación. Al vivir centrado en sí mismo, llevará cada conversación a su propia historia minimizando siempre tus aportes y tus ideas acerca de un tema. No es en absoluto alguien colaborativo, sino más bien competitivo. Compite en historias, logros, sentimientos e incluso sufrimientos.

> *Me encanta tu opinión... cuando coincide con la mía.*

Por eso interrumpe con críticas, con sarcasmo, con falta de atención y se distrae mientras tú le estás hablando. Tampoco le interesa retener nada de lo que le estás compartiendo. De esta manera uno percibe su falta de empatía. Recuerda que, cuando tenga la oportunidad, te contestará algo como: "Estás exagerando, ¿vas a llorar por esto? ¡Qué sensible eres!". A esto sumémosle el uso del *gaslighting* (del que hablaremos más adelante), de halagos seguidos de favores, de victimización, de monopolización de la conversación y de un silencio estratégico que usará para herirte. Nos encontramos ante un experto en comunicación cuyo único fin es destruir tu autoestima.

> *Habla fuerte, no por mí: para que los demás me oigan contestarte.*

¿Qué hacer frente a la descalificación narcisista?

Para llevar a cabo una defensa, antes se debe reconocer el daño real recibido. Toda esta información que estamos compartiendo no es para que salgas, en una especie de "caza de brujas", a atrapar narcisistas o a diagnosticar cualquier acto ajeno como narcisista; solo tiene el objetivo de hacerte entender los mecanismos de control que estas personalidades emplean.

El primer paso hacia la libertad consiste en reconocer que te han herido y que lo que te sucede no es normal ni sano. Para ello es preciso que identifiques las frases y gestos que se han instalado en tu mente. Por ejemplo, te invito a que anotes qué frases descalificadoras has escuchado. Te doy algunos ejemplos:

- "No eres suficiente".
- "No haces nada bien".
- "Siempre exageras".
- "Eres un inútil".

Si las reconoces, podrás distinguirlas de la crítica sana.

En segundo lugar, reconoce tu propia voz narcisista interiorizada. ¿Cuántas de esas frases te repites tú a ti mismo en la actualidad? ¿Te dices con frecuencia: "No sirvo para nada", "Voy a fracasar, soy un desastre"?

Y, en tercer lugar, comienza a validar tus experiencias y emociones. Date cuenta de que tu propia voz descalificadora es un eco de la voz externa del narcisista. Constrúyete un espacio seguro para sanar. Puede ser una sesión de terapia o una charla con un buen amigo.

Sanar la descalificación narcisista no es un proceso rápido, pero es posible. Recuerda que nadie puede definir quién eres. Escúchate con respeto y con dignidad para descubrirlo.

Observemos qué puedes hacer a nivel conductual:

1. **Evita la trampa de ganarte al descalificador.** Es muy común querer demostrarle al descalificador que puedes. Entonces, la pregunta que debes hacerte es la siguiente: "¿Lo hago porque es mi deseo o para probarle algo a quien me descalificó?". Elige desde tu libertad porque, mientras busques validación frente a quien te descalifica, continuarás siendo un esclavo emocional. No toda persona merece una respuesta. A veces te conviene callar y, otras veces, simplemente decirle: "Gracias por tu opinión", cambiar de tema o dejarle claro lo siguiente: "Así es como tú lo ves; yo lo veo de otra manera".

   Dime lo que quieras, pero con halagos intercalados.

2. **Cuestiona la frase "La culpa es tuya".** Recuerda que el narcisista te hará sentir culpable de aquello que no eres.

3. **Sé consciente de que tu criterio es importante. ¡Valóralo!** Todo lo que piensas está sujeto a cambio y a mejora, y toda opinión cuenta porque es

tuya. Valórate. Y recuerda: el amor propio se construye desde adentro hacia fuera, y no al revés.

4. **Ofrece respuestas neutrales y firmes**. Por ejemplo: "Eso es lo que piensas tú", "Gracias por tu opinión", "Yo no lo veo de esa forma", "Te escucho, pero no estoy de acuerdo". Muchas veces, será necesario que establezcas límites asertivos. ¿Cómo se hace esto? Con frases como "Prefiero que no me hables de esta forma", "No es necesario que me compares con otros". Tu seguridad no depende de las palabras externas ni de otras personas. Responde con calma, firmeza y claridad para liberarte de la descalificación.

Estas son algunas frases comunes de padres, parejas, jefes, amigos y personas activas en las redes sociales que poseen rasgos narcisistas:

- "Te vas a morir de hambre con esas ideas".
- "Siempre lo haces todo a medias".
- "Yo no me sentiría orgulloso de esto".
- "Con razón nadie te invita nunca a hacer nada".
- "No eres tan simpático como crees".
- "Cualquiera puede hacer este post".

Ahora bien, ¿por qué se comportan así?

Todo narcisista lleva en su interior un niño herido

que sufrió humillación y solo fue validado cuando hacía algo bien (según el criterio de sus padres). De grande, para no sentirse jamás aver-

Si no estoy en la foto, no ha pasado.

gonzado, atacará primero para evitar que lo ataquen a él. Su actitud no es una demostración de poder, sino el llanto de un ser humano vulnerable que tiene miedo a desaparecer si admite que tú eres valioso.

Las miradas de desprecio, los gestos de impaciencia o las risas despectivas que utiliza con otros suelen ser un eco de lo que sufrió en su infancia. Así, siente que ha triunfado sobre aquello que lo hirió, lo cual es solo una ilusión, porque nadie se cura a sí mismo hiriendo a otros, y nadie sana su autoestima hundiendo a otros. Podemos concluir, entonces, que la descalificación narcisista no es un signo de fortaleza, sino más bien la defensa de un ser frágil que teme derrumbarse si reconoce el valor de los demás.

Recuerda que tu valor no depende de la aprobación de los demás y que, como ser humano que eres, tienes derecho a equivocarte sin que te humillen. Todos merecemos respeto, y esto empieza por ti mismo. Cuidarte, dormir respetando tus propias necesidades, comer con calma y hacer actividad física son actividades de autocuidado que refuerzan tu sensación interna. Celebra cada paso, agradece tus avances y comparte la vida con gente de confianza que te aporte valor.

La monopolización en la conversación

¿Has intentado, en alguna ocasión, compartir algo importante y tu interlocutor te ha interrumpido y ha empezado a hablar de él mismo? ¿Has tenido la sensación de que tus palabras eran insignificantes, a la vez que el monólogo del otro era interminable?

No estabas conversando, sino que el otro estaba monopolizando la comunicación. Esta es una de las herramientas preferidas del narcisista para controlar a los demás.

Monopolizar la conversación es una manera típica de ejercer control sobre el otro. El narcisista te interrumpirá sistemáticamente, centrando su conversación sobre sí mismo, ya que la opinión de los demás no le interesa.

Supongamos que estás en una reunión laboral, o comiendo con una persona narcisista a la que le cuentas lo que te pasó por la mañana. Enseguida te responderá: "Eso me recuerda lo que me sucedió a mí una vez..." o "A mí me pasó algo muchísimo peor...". Cambiará el eje de la conversación sin que lo notes para convertirse en el centro de toda la atención.

En primer lugar, el narcisista acapara el espacio de la conversación. Es decir, habla extensamente, con pausas largas. En el fondo, no desea que participes. Llevará a cabo monólogos interminables, aun cuando le hagas una pregunta simple. La estrategia de contar historias largas es una forma de centrar la charla sobre sí mismo. Por ejemplo, si le haces un comentario e inmediatamente suelta: "Eso me pasó a mí cuando..." o "A mí me ocurrió que...". Así comienza a monopolizar el diálogo. Es como aquella persona que, para hacerte una pregunta, previamente, pasa varios minutos hablando de sí misma.

> *Si me hubieras escuchado desde el principio, no estarías en este problema.*

En segundo lugar, realiza interrupciones frecuentes. Estás hablando y te corta la frase antes de que termines para meter baza: "Sí, sí, pero...", y entonces comienza a hablar de sí mismo. Mientras tú estás expresando tus ideas, no le interesa escuchar tu opinión ni lo que estás desarrollando. Al estar centrado en sí mismo, te interrumpe como si nada sucediera.

En tercer lugar, no escucha activamente. Estás hablando y mira el móvil. No le interesa tu comentario. O se queda callado, también como muestra de desinterés. Cuando hablas, no te resulta difícil darte cuenta de que no te está prestando atención. A veces, el narcisista comienza a hablar fuerte y rápido, plagando su monólogo de anécdotas e interrupciones. Siempre es el experto en todo. Él puede opinar de todo el mundo. Sabe más que tú sobre cualquier tema. Y, justamente, si te interrumpe es para demostrarte esa habilidad que posee.

> *Sí, sí, ya sé lo que vas a decir, pero escucha esto...*

Imagina que estás hablando con tu pareja, con un compañero de trabajo o con un amigo con rasgos narcisistas. ¿Qué sucederá? Se callará y te mirará con desaprobación cuando no le guste lo que estés diciendo. ¡Te aseguro que lo vas a percibir y sentir! A veces incluso se apartará físicamente de la conversación, ya que su objetivo es generar incomodidad. Al no tener empatía, no le interesa lo que tú sientes, piensas u opinas, y eso te incomodará. Cruzará los brazos, mirará el móvil desviará la mirada hacia el horizonte, se recostará en la silla. Lo hace para que sientas que lo que estás diciendo no tiene sentido.

Lo único que le importa es su propia voz. Es por eso que, en toda conversación con una persona con rasgos narcisistas, notarás cansancio y sentirás que le hablas al vacío.

No, no es así, déjame explicarte cómo son realmente las cosas.

Frente a cualquier tema que estés compartiendo, si puede autorreferenciarse y hablar sobre sí mismo, lo hará. Al hablar, siempre dejará claro que sabe del tema, que es un experto y posee autoridad. ¡Es un "opinólogo" profesional! Es alguien que interrumpe por ansiedad, habla de forma entrecortada o repite recurrentemente lo mismo añadiendo aclaraciones. Sus interrupciones sistemáticas, sus desvíos del tema hacia sí mismo y su falta de escucha activa

En realidad, no sabes de lo que estás hablando.

hacen que compartir cualquier cosa con esta persona sea muy difícil.

La conversación con un narcisista siempre está centrada en él mismo. No eres su interlocutor, sino un oyente, una audiencia. Utilizará cualquier palabra que digas como un trampolín para hablar de sí mismo, de su experiencia, de su persona. Este es un patrón repetitivo en su comunicación: sus necesidades, sus heridas, sus logros, sus anécdotas, su mundo interno. Así minimiza todo lo que tú puedas decir. "A mí me pasó...", "Yo pienso...", "Yo siempre digo", "Eso me recuerda a cuando yo..."; el «yo» es su ancla verbal. No le interesa lo que le estás compartiendo. De ahí la minimización sutil. Cuando le cuentas un problema, responde: "Bueno, pero no es para tanto".

¿Qué le sucede a quien conversa con alguien centrado en sí mismo?

Al final, te deja con la sensación de que estás hablando con la pared, como si tus palabras se hubieran perdido en el camino. Todo esto, por supuesto, te lleva a limitar el diálogo. Recuerda que el narcisista desplegará en la comunicación el siguiente patrón: girará el tema hacia su propia experiencia, te interrumpirá para contar su versión y minimizará cualquier emoción que expreses.

¿Qué sucede cuando la monopolización se da dentro de un equipo? Lo mismo: el grupo se adapta al ritmo del narcisista, dejando de compartir y cortando la intimidad o el vínculo afectivo. De esta manera, se produce el monólogo, que invalida al resto.

¿Qué hacer frente a la monopolización?

Es fundamental que no te enredes con sus prácticas y que te limites a observar este "monopolio conversacional" sin enfadarte. Puedes usar frases plantilla como las siguientes:

- "Déjame terminar, por favor".
- "Termino esto y luego te escucho".
- "Te escucho en un momento, primero hablo yo".
- "Aprecio tu aporte, pero déjame perfilar esta idea".

No es cuestión de generar una competición ni de taparlo con tus gritos. ¡Jamás entres en un duelo de historias! Lo más aconsejable es que te mantengas centrado en el tema original. Puedes recurrir a expresiones breves y firmes para recuperar el control de la conversación: "Volviendo al tema...".

Otras frases que puedes utilizar (en pareja, en el trabajo, con amistades) son las siguientes:

- "Ahora necesito contarte esto".
- "Voy a terminar y luego vemos tu punto".
- "Gracias por el aporte, ahora continúo con la explicación".

Esto te permite recuperar nuevamente el eje y mantener la tranquilidad con frases breves y claras.

Mantente consistente y no cedas cuando te interrumpa repetidamente. Utiliza una frase corta cada vez que esto suceda, como "Déjame terminar, por favor". Por otra parte, ten siempre un plan de acción, ya que es poco probable que te escuche de verdad o que preste atención a tus palabras y se interese por ellas. Ten en cuenta las siguientes frases, que podrían ayudarte:

- "Está bien, pero me gustaría retomar lo que estábamos compartiendo".
- "Voy a terminar lo que estaba diciendo; permíteme continuar".
- "Me gustaría compartir esto sin interrupciones".

Si insiste, puedes decirle: "Ahora no es un buen momento para esta conversación; la dejamos para otro momento".

En un equipo, el líder puede replicar algo como "Gracias por tu aporte; ahora escuchemos a los demás, por favor".

Falta de escucha activa

¿Alguna vez has sentido que le estabas hablando a la nada misma? Tal vez estabas diciendo algo importante para ti y recibiste como respuesta un silencio sepulcral, o una frase sin sentido o, lo que es incluso más desagradable, un relato de lo que le sucedió al otro.

No se trata de que no te preste atención durante un rato, sino más bien de que no te escucha activamente, como todo narcisista, lo cual es muy desmoralizador.

Te invito a considerar la siguiente idea: el narcisista ama tanto su forma de hablar y está tan ensimismado en sus vivencias personales que tus palabras son solo una canción de fondo que no llega a oír. Hablas, pero él ya se encuentra de camino a su propia historia, su próxima frase o su siguiente monólogo. Si alguna vez te escucha, no es porque desea conocerte, sino porque busca la oportunidad de comenzar a hablar de sí mismo.

El narcisista no te escucha para comprenderte (como en un diálogo normal), sino para mantener el control de la relación y el protagonismo. Su frase más habitual es: "Sí, pero yo también lo he vivido", y otras por el estilo. Esta falta de comprensión y de empatía hacen que responda con neutralidad o cambie de tema.

Esto es aburrido; hablemos de algo que valga la pena.

De esta manera, si interactúas con el narcisista, te sentirás vacío e invisible. Será como si el viento se llevara tus palabras y tus emociones. Te hará sentir frustrado, impotente y agotado hasta el punto de pensar que lo que ibas a decirle no tiene ningún valor.

> **No entiendo por qué le das tantas vueltas... La solución es obvia...**

No olvides que, para el narcisista, esto es una actitud de control. Que llegue a afirmar cosas como "Te entiendo", "Claro", "Sí, obvio" es poco habitual. En realidad, aunque utilice esas frases, percibirás que están huecas y vacías.

Observa estos diálogos y piensa si en alguna ocasión te han respondido así...

> Yo: —*Estoy muy triste.*
> Narcisista: —*Bueno, la vida es así.*

> Yo: —*Me he sentido solo hoy.*
> Narcisista: —*Yo también me siento solo, pero no me quejo.*

¿Qué hacer?

Utiliza siempre, como hemos visto, frases predeterminadas. Mantén bajos los niveles de expectativa (recuerda que el narcisista no escucha genuinamente). Cuenta solo lo necesario y con claridad. Comparte tus propios pensamientos con personas que te ofrezcan una escucha verdadera.

Ten en cuenta que el hecho de que el narcisista no te escuche no determina cuánto vales o la importancia que tienes como persona. Es solo un eco de su propio ser, un sitio donde hay lugar para uno solo: él mismo. Por eso debes compartir tus palabras con aquellos que estén dispuestos a recibirlas.

Humor narcisista

¿Te han hecho alguna broma que, en lugar de causarte risa, te ha conducido al llanto? ¿Te han dicho alguna frase con ironía para causarte dolor pero con un tono humorístico? Esto no es diversión, sino el sentido del humor del narcisista: una estrategia de control y manipulación teñida de alegría.

Su proceder rara vez es inocente. Sus bromas siempre son una muestra de su inteligencia, de sus acciones grandiosas, o para burlarse de ti. Usa frases aparentemente humorísticas pero punzantes. Y, si te afecta, si te duele, su respuesta será inmediata: "¡Qué sensible eres!", "No te enfades, es un chiste", "¡No aguantas una broma!", "Solo estaba bromeando". Así invalida tu reacción y hace que sientas que tú eres el problema. De este modo anula tu respuesta y te hace creer que eres el que está equivocado.

El humor narcisista se expresa mediante sarcasmo, ironía, bromas hirientes, etc. En realidad, se trata de una herramienta de control (como toda su comunicación), solo que está disfrazada de risa.

Le gusta bromear sobre ti, pero no tolera las bromas sobre sí mismo. Y, si se ríe, se tratará de una risa maliciosa. Porque su intención no es ser gracioso, sino usar el humor como herramienta de superioridad o de descalificación velada. Su risa esconde agresión y desprecio. Tiene un humor que te genera vergüenza y silencio.

> **Es obvio que soy el más divertido del grupo; los demás dan pena.**

Características del humor narcisista

Un narcisista no se divierte contigo, sino que se burla de ti. Su sentido del humor no genera unión, sino división. Es una clase de humor...

1. **De superioridad**: busca demostrar que es más inteligente.
2. **De burla**: te ridiculiza delante de otros.
3. **De evasión**: usa las bromas para evitar las conversaciones profundas.
4. **De castigo**: lanza bromas hirientes cuando se siente criticado, para desestabilizarte.

Imagínate esta escena: en un grupo, alguien comparte algo personal y se muestra vulnerable. De pronto, él suelta: "¡Guau, qué telenovela!". Los demás, quizá, ríen incómodos, y la profundidad del momento se rompe. Seguido de un gran remate: "No te ofendas; hay que reírse de todo".

Ja, ja, ja, es que eres tan ingenuo… ¿En serio te has creído eso?

La consecuencia es clara: vergüenza para quien lo compartió, confusión y la normalización de la burla. Estas son todas maneras de control para evitar su vulnerabilidad y atraer también la atención: "Mirad qué inteligente soy".

En cambio, el humor sano une a las personas: uno se ríe con el otro, no del otro, lo que genera, así, un alivio genuino sin incomodar ni agredir ni avergonzar a quienes comparten nuestra vida.

Si no te ríes conmigo es porque no tienes sentido del humor.

¿Qué hacer frente a esto?

Primero, no entres en su juego ni te rías de las bromas hirientes. Frente a esta situación, puedes decir: "Esta broma me incomoda" o "No me hace gracia", sin explicar en detalle por qué no es gracioso.

No justifiques tu propia incomodidad si sigue utilizando ese tipo de humor. Es momento de retirarse y de comentar: "Prefiero no bromear sobre eso" o "Ese chiste no es apropiado".

Es crucial que no te rías de sus comentarios y que le marques límites con frases claras como "Esta broma me incomoda" o "Prefiero no bromear sobre eso", sin caer en explicaciones que el narcisista podría aprovechar para seguir burlándose. La clave está en cortar el ciclo de invalidación con firmeza pero sin confrontación, protegiendo el espacio emocional propio sin justificarse. Es decir, si persiste en ese tipo de humor, demuestra tu incomodidad. Es momento de retirarse. No es momento para bromas. Puedes decirle: "Prefiero hablar en otra ocasión". El hecho de apartarte cuando esto continúa refuerza el límite.

Cortes en la conversación

¿Te ha pasado el encontrarte contando algo personal cuando, de pronto, el otro cambia el rumbo de la charla, observa su teléfono o te saluda y se va? El mensaje aquí es que tus palabras no son importantes ni valiosas. Esa forma de terminar una conversación no es inocente. Es una estrategia narcisista para controlar y para quitarte valor. Lo que busca transmitir es lo siguiente: "Solo lo que yo digo es importante; lo que tú dices no lo es".

El narcisista suele usar el mecanismo de cortar la conversación como forma de poder. Se trata de una herramienta que desvaloriza tu voz. Dicho corte implica que el tema del que estás hablando no le interesa; que el foco que no se encuentra en él mismo no es importante; que, si no dirige la conversación, no tiene interés y, si tú lo corriges o le dedicas alguna crítica, no lo permitirá, ya que se toma toda observación como un ataque a su persona. Todas estas estrategias en la comunicación narcisista obedecen a formas de poder y control; son herramientas utilizadas para desvalorizarte. El narcisista protege cuidadosamente su imagen y rechaza cualquier tema que no le proporcione gratificación inmediata.

Yo sé cómo son las cosas; solo hablas por hablar.

Ahora bien, el corte puede hacerlo de manera verbal, cambiando de tema o con expresiones como "Ya está", o de manera no verbal, mirando el móvil, permaneciendo en silencio, cerrándose o retirándose del lugar. Esta modalidad de corte es una manera de evitar quedar expuesto y, a la vez, de dejarte frustrado. Por ejemplo, mientras le cuentas algo, él se levanta y va al baño o te anuncia que tiene algo que hacer. Tú le compartes a tu pareja algo importante para ti y, con un tono de voz frío, te dice: "Después lo hablamos", y se retira a hacer alguna otra cosa. De esta forma, te sientes

Eso no importa; hablemos de algo interesante.

herido e ignorado, aunque el narcisista actúe como si todo fuera normal. Otras tácticas son la disminución del contacto visual y frases recurrentes como "Después lo vemos", "Ahora no puedo" o "No me interesa".

En cuanto a los cambios de postura, los narcisistas hacen gestos como mirar a su alrededor, suspirar de forma exagerada, mover los pies o realizar comentarios evasivos, como "¿Otra vez con este tema? Ya hablamos de eso; este no es el momento". El narcisista también utiliza tácticas como la disminución del contacto verbal en el trabajo y en sus relaciones interpersonales, dado que su objetivo es que todo gire siempre a su alrededor.

Así, lenta y progresivamente, va reduciendo tu autoestima a la vez que, obviamente, protege su propia imagen. Al mismo tiempo, esto genera retraimiento, pérdida de la conexión emocional y sentimientos de inutilidad en todo aquel con quien mantiene una relación.

No me interrumpas cuando hablo.

¿Qué hacer frente a estos cortes en la conversación?

En primer lugar, darte cuenta de que estás ante una herramienta para controlarte y quitarte valor. No es algo contra ti, sino más bien su manera de actuar habitual. Luego, con tranquilidad y seguridad, podrás ponerle un límite mediante alguna de estas frases:

- "Te pido que me prestes atención".
- "No quiero que este tema quede abierto".
- "Cuando estés disponible, me avisas, porque quiero hablar sobre este tema".

Ante estas situaciones, intenta mantener la calma y observar sin quedar atrapado emocionalmente, comprendiendo que la actitud del otro no define tu valor ni la importancia de lo que quieres expresar.

Es importante que tengas claro que esta actitud del narcisista no define tu valor ni tus emociones, sino que simplemente es un modelo de control. Necesitas mantener la tranquilidad y utilizar frases predeterminadas como "Necesito cerrar este tema antes de pasar a otro", "Quisiera que esto no quedara abierto", "¿Cuándo estarás disponible para tratar este tema?".

De esta manera te mantienes firme, sin necesidad de gritar y sin aumentar el conflicto. Otras frases posibles son "Que este tema no quede pendiente", "Para mí es importante hablar de esto", "Veo que ahora no es el momento, dime cuándo quieres que lo retomemos". De este modo, tranquila, firme y brevemente, le fijas un límite.

Si no te interesa, puedo explicártelo rápido, pero es importante para mí.

Ahora bien, ¿cuándo conviene que te retires? Cuando estos cortes se repiten frecuentemente o cuando percibes que el diálogo solo va a generar desgaste y confusión. Una frase potente consiste en decir: "No es el momento para hablar de esto; lo dejamos aquí y seguimos más adelante".

Actuando así, aprendes a marcar límites no para cambiar al otro, sino para mostrarle que tu voz es valiosa, aunque él elija no escucharla.

> *Entiendo que prefieras otro tema, pero primero quiero terminar mi argumento. Decía que... Y continúas.*

Combinación unidireccional o monólogo eterno

¿Has tratado alguna vez de tener una conversación con alguien y has sentido que no te permitían hablar? Porque el otro habla sin parar y no da espacio a tu voz ni a tu opinión. Tampoco hace pausas ni te pregunta nada, pues no está interesado en tu participación. No se trata en absoluto de un diálogo. La persona habla en una sola dirección. No le interesa solicitar, escuchar ni recibir tu perspectiva. Tampoco crea pausas al hablar para que participes. No le importa tu respuesta; el intercambio es una descarga unilateral. De esta manera, te demuestra que habla con autoridad, con frases largas y anécdotas, sin necesidad de que tú participes. Estás ante un monólogo de una sola vía.

Piensa en esto: sus frases extensas, sus historias que nunca acaban y su tono firme no dejan espacio a respuestas. No está interesado en tu opinión; por eso jamás te la pide. Para esta persona, dialogar es un espacio para tener el protagonismo absoluto. Tu rol consiste en escuchar, dar la razón y deslumbrarte.

¿Por qué actúa así? El narcisista habla, pero no escucha, como una manera inconsciente de evitar ser corregido, de no sentirse vulnerable, de controlar, de demostrar que tiene autoridad y, obviamente, no le interesa tu opinión.

Por el contrario, una comunicación saludable incluye el diálogo y es simétrica: uno escucha y el otro habla, y luego se intercambian los roles.

¿Qué puedes hacer?

Principalmente, debes interrumpir con respeto y usar pausas naturales para decir: "¿Puedo comentar algo sobre esto?" o para hacer preguntas abiertas: "¿Qué piensas sobre mi perspectiva?". También, como ya hemos visto, puedes usar frases predeterminadas: "Me gustaría poder compartir mi opinión también", o "Necesito que esta charla sea a dos bandas, y no solamente una exposición". Tu voz es importante, y siempre habrá otros espacios y otras personas con quienes podrás conversar y dialogar.

La mirada y la risa narcisistas

¿Alguna vez alguien te ha mirado como si te estuviera desvistiendo interiormente, o se ha reído de forma que, al principio, parecía agradable, pero en realidad te causaba malestar? Dicha combinación de atracción y rechazo no está marcada solo por los gestos, sino también por la manera en la que se relacionan.

No hay nada más inquietante que la mirada de un narcisista... Ojos fríos, rígidos, impávidos, que penetran sin piedad hasta el fondo de tu alma y sin pedirte permiso. Pues así es la **mirada de desprecio** de un narcisista, una mirada que puede ser algo ocasional o sostenido en el tiempo. Se trata, en realidad, de pequeñas agresiones a nivel emocional que tienen por objetivo mostrar su superioridad y hacerte sentir inferior sin hablar. De este modo, ejercerá el control sobre ti y sobre el entorno, y analizará la posibilidad de un ataque incluso más poderoso. ¿Cómo lo hará? Elevará un poco las cejas, tensará los labios, levantará un poco el mentón y te mirará con una actitud que transmite en silencio: "Yo soy mejor que tú".

Con respecto a su risa de desprecio, esta será más bien una sonrisa inclinada, y también exhalará por la nariz con un sonido suave, al mismo tiempo que se distancia. En los casos don-

Tenía esa mirada fría que te hace sentir invisible.

de tú te presentes vulnerable, su risa será repentina y burlona.

A un narcisista puedes reconocerlo por su mirada y su risa, y teniendo en cuenta algunas de sus actitudes. Una de ellas es burlarse cada vez que se encuentra en presencia de alguien que deja al descubierto su vulnerabilidad. Por otro lado, disfruta a lo grande viéndote humillado y empequeñecido. Pero nunca se disculpará cuando le reproches su comportamiento.

Me miró de arriba abajo, como midiendo mi insignificancia.

Utiliza estos recursos, sobre todo, cuando tú eres el protagonista de la situación, y no él mismo. Además, suele usarlos junto con expresiones de descrédito.

¿Qué te genera su actitud?

Un leve sentimiento de "locura" que puede llevarte a dudar de todo y de todos (incluso de ti mismo), aislamiento, incapacidad de expresarte libremente y, con el tiempo, un gran agotamiento a nivel emocional.

Asentía, pero sus ojos delataban aburrimiento absoluto.

¿Qué hacer frente a la mirada y a la risa narcisistas?

- Sé muy consciente de ti mismo.
- Evita el desborde emocional: reacciona con tranquilidad, solo si es necesario, y di algo como "Me gustaría saber qué te lleva a sonreír de esa manera".
- Distingue entre una risa burlona y una risa causada por nervios.
- Deja de tener contacto si hay abuso emocional permanente.

Ten en cuenta que un narcisista actúa sin seguir las reglas de la sociedad, ya que no se preocupa ni se siente mal si daña a otros. La mayoría de las personas no revelan lo que sienten, desvían la mirada o, incluso, evitan bostezar. En cambio, el narcisista jamás hace esto.

Su lenguaje corporal

¿Has estado alguna vez en una reunión laboral con un narcisista? Tú abres la boca con la intención de compartir algo con todos y te das cuenta de que esa persona ni siquiera te observa, pues se dedica a revisar el móvil o a mirar la pared, como si tus palabras no importaran. Y, de pronto, suspira ruidosamente, se ajusta la ropa, mira al resto y te clava los ojos como expresando: "¿Cuándo vas a acabar tu discurso y me dejarás hablar a mí?".

En ese momento, la inseguridad se apodera de ti. Ya no importa si lo que tienes que decir es interesante o no; solamente quieres terminar de hablar y volver a tu lugar. Esto es así porque el lenguaje del cuerpo del narcisista habla más fuerte que sus palabras y te transmite el siguiente mensaje: "No eres importante".

El hecho es que el narcisista te comunica sus sentimientos de grandeza no solo con palabras, sino también a través de su cuerpo. Este expresa lo mismo que sus palabras. De ahí, entonces, el desarrollo del lenguaje corporal dentro de la comunicación narcisista.

Este tipo de personas siempre intenta demostrar que es superior a ti a través de su corporalidad: miradas, gestos, posturas y expresiones que buscan transmitir dominación y desprecio. Dicho lenguaje puede ser automático o deliberado, pero siempre persigue el mismo objetivo: mostrarse como una persona poderosa. Por medio de estas herramientas, el narcisista procura controlar los entornos que comparte con otros y hacerlos sentir inferiores. Para ello jamás pondrá en evidencia su vulnerabilidad; al contrario, buscará que lo admires o le temas para, así, reafirmar su idea de superioridad.

Veamos, entonces, algunas de sus características más comunes…

En primer lugar, intenta ocupar más espacio del que

necesita; se mueve con calma y lentitud, intencionadamente; hace contacto visual de manera deliberada a través de miradas de desprecio constantes.

En segundo lugar, suele adoptar una postura siempre erguida, invade el espacio ajeno, carece de empatía hacia la gente y hacia todo lo que lo rodea.

Caminaba con los hombros hacia atrás y con la barbilla alta, como desfilando en su propio mundo.

En tercer lugar, lleva a cabo acciones que denotan desdén, como sonreír levemente cuando te equivocas, levantar el mentón, inspeccionarte de arriba abajo e, incluso, bostezar en medio de una conversación o de la exposición de otro —tratando de transmitir: "Aquí lo único interesante es lo que digo yo"—.

Pero te invito ahora a considerar algunas de las actitudes típicas del narcisista y su lenguaje corporal:

- Te sonríe levemente con desdén.
- Arquea las cejas.
- Te mira por encima del hombro.
- Hace sonidos con la lengua o suspira en actitud de molestia.
- Junta los brazos por detrás de la cabeza.
- Se pone las manos en la cintura.
- Te señala con un dedo.
- Cruza los brazos con el mentón erguido.
- Se toca la barbilla con la mano.

- Camina despacio entre la gente.
- Te da una palmadita en el hombro para mostrarse superior.
- Revisa el móvil durante una conversación contigo.
- Se inclina en dirección opuesta a ti (su interlocutor).
- Cruza los brazos expresando claramente que está molesto.
- Clava la mirada en un punto fijo mientras te escucha (o no).
- Mueve levemente la cabeza hacia atrás sonriendo.
- Mueve una pierna o un pie mostrándose impaciente cuando habla contigo.
- Golpea suavemente alguna superficie con los dedos o con un lápiz durante una conversación contigo.
- Revisa algún escrito mientras le hablas de un tema importante.
- Inclina la espalda hacia atrás con los ojos fijos en un punto fijo.
- Abre las piernas excesivamente (*manspreading*, en inglés).
- Extiende los brazos, ocupando las sillas a los lados.
- Da vueltas alrededor de ti cuando le diriges la palabra.
- Gira el cuello hacia un lado y el otro mientras te escucha (o no).

Ahora analicemos el otro lado...

¿Qué sientes como víctima del narcisista frente a este lenguaje corporal? Que no te presta atención, lo cual te puede llevar a dudar sobre el mensaje que quieres comunicar. Esto hace que te retraigas cada vez más y que termines por aceptar el maltrato y la falta de respeto que recibes.

Me sentía como un mueble: ocupaba espacio, pero nunca me veía.

¿Qué hacer frente al lenguaje del cuerpo del narcisista?

Es muy importante que sepas cómo proceder ante esta clase de lenguaje corporal. En primer lugar, recuerda que lo que busca el narcisista con su actitud es dominar tu mente. Por ende, conserva de manera firme tu propio espacio físico y mantén tranquilamente el contacto a nivel visual. Si te dirige una mirada de juicio, no tienes por qué explicar nada. También resulta útil que adoptes una postura erguida y respires lentamente. Y, por último, si el narcisista insiste en su trato amenazante, lo aconsejable es que te marches del lugar a modo de protección.

Céntrate en lo que quieres comunicar. Verbaliza su conducta: "¿Podrías, por favor,

Había tanto desprecio en su mirada que hasta mi sombra se encogía.

dejar de mirar el móvil y escuchar lo que estoy diciendo?". Haz todo lo posible por cuidar tu mundo emocional sin caer en su juego. Mantente atento a sus acciones habituales y ponle un límite cada vez que sea necesario. Permanece de pie con una postura erguida cuando estéis en grupo.

¿Cómo se neutralizan las secuelas psicológicas de un narcisista?

Es necesario neutralizar las secuelas psicológicas de este tipo de personas. ¿Cómo? Teniendo en mente que su conducta dominante es fruto de su necesidad de controlarlo todo, pero que esta no determina tu valía en absoluto. Evita caer en sus trampas de dominio a través de su mirada penetrante y, sobre todo, fíjale límites bien claros con la palabra. También es clave que te autoafirmes todo el tiempo al estar en su compañía. Además, el hecho de ser consciente de cómo te sientes frente a un narcisista te permite mantener un estado emocional neutral.

Las siguientes frases pueden serte útiles para detenerlo cuando combina el lenguaje de su cuerpo con palabras manipuladoras:

- "Quiero que mantengas la distancia conmigo cuando hablamos".

- "No hace falta que me apuntes con el dedo; estoy atento a lo que me dices".
- "Por favor, no levantes tanto la voz para dirigirte a mí".
- "Practiquemos el respeto mutuo si pretendemos que nos escuchen".
- "Si no me respetas, no seguiré hablando contigo".

Gaslighting

Escenario: una pareja se encuentra en algún lugar de la ciudad...

Él llega más tarde de lo acordado, y ella le reprocha:

Ella: —Vuelves a llegar tarde, igual que la semana pasada. Me prometiste que hoy llegarías puntual.

Él: —La semana pasada llegué puntual. Me parece que estás equivocada.

Ella: —No, yo tengo buena memoria.

Él: —Te está fallando la memoria, querida. Tendrías que hacerte un chequeo médico —dice con una sonrisa burlona.

¿Te resulta conocido este diálogo?

El término *gaslighting* proviene de la obra de teatro británica *Gas Light* ('Luz de gas') de 1938, escrita por Patrick Hamilton y popularizada por sus adaptaciones cinematográficas de 1940 y de 1944. En esta historia, el marido atenúa a propósito la luz de gas del hogar. Cada vez que su mujer se lo señala, él insiste en que nada ha cambiado. Esa negación permanente de los hechos evidentes hace que la mujer dude de su propia percepción de la realidad.

"A partir de este relato, el concepto de *gaslighting* se integró en la psicología para describir una forma de manipulación emocional en la que el agresor distorsiona la realidad, y hace que la víctima cuestione su memoria, su percepción y su juicio. La psicóloga Robin Stern fue una de las primeras en sistematizar el *gaslighting* en su libro *The Gaslight Effect* (2007), identificándolo como un patrón en relaciones abusivas, tanto en el ámbito personal como en el laboral o social. Hoy en día, el *gaslighting* es reconocido como una estrategia común en dinámicas de abuso emocional, relaciones tóxicas, liderazgo autoritario y hasta en la política y los medios de comunicación"[6].

Dicha técnica de manipulación es una forma de abuso emocional muy característica del narcisista. Lo que este hace es negar constantemente sus palabras, sus hechos o las situaciones, culpándote por su reacción. Obviamente, como todas las técnicas que hemos visto, se trata de una herramienta de control. Por ejemplo, ella expresa:

---

6. https://www.psiconetwork.com/gaslighting-manipulacion-psicologica-y-control-mental/

"Recuerdo cuando me dijiste que esta ropa me quedaba mal", a lo que el narcisista responde: "Eso está en tu cabeza, yo nunca dije eso" o "Eso nunca pasó". De esta manera, genera inseguridad en la persona. También, tras un insulto, puede decirte: "Pero era una broma, ¿no tienes sentido del humor o eres demasiado susceptible?".

El objetivo de esta estrategia es el control a través de la confusión.

Para ello, el narcisista cambiará las versiones, las palabras, los detalles, etc.; de esta manera, logrará que te sientas confundido, en duda, con culpa, ansiedad o inseguridad, y que acabes por aislarte.

Ahora bien, ¿qué sucede cuando este comportamiento tiene lugar reiteradamente? Tu autoestima disminuye y sientes una profunda culpa. Por ejemplo, en la pareja, ella le reprocha: "Me gritaste en público". Frente a la queja, él le contesta: "Fue por tu culpa" o, peor aún, "Estás loca", invalidando o negando lo que ella siente. "Yo no te grité: lo inventaste; deberías escuchar mejor cuando te hablo". Lo que esto provoca, además de confusión, es un desvío de la responsabilidad; te deja con ansiedad y con la autoestima dañada.

Te lo estás imaginando todo.

Con esta actitud, el desgaste en los vínculos es enorme. Si vives con un ser humano que emplea el *gaslighting*, terminas cediendo para calmar tu confusión. Ten en cuenta que aquí no estamos hablando de un error de interpretación ni de una equivocación, sino de una técnica específica de manipulación para generar un estado de confusión. Por un instante, imagina que le reprochas a tu amigo narcisista haber llegado tarde. Entonces, te responde: "Yo no te dije que iba a llegar a esa hora: solo te dije que iba a estar saliendo de casa. Yo no te prometí nada". Todos estos argumentos circulares terminan negando y derribando tus argumentos. A veces, lo llevará a la práctica cambiando el punto de vista. Por ejemplo, su pareja expresa: "Me duele mucho cómo me trataste"; como respuesta, él dirá: "¿Por qué dejaste la casa desordenada?". Este cambio de foco, ignorando el dolor ajeno, es otra manera sutil de generar confusión. Muchas veces, mezcla la verdad con la mentira, datos reales con falsedades para generar caos. Entonces, dirá: "Sí, te grité, pero me provocaste con la expresión que tenías". Si sumamos todas estas características —el *gaslighting*, el humor narcisista y la descalificación—, veremos que se genera en el otro un agotamiento mental, un ceder constantemente. Todo esto colabora a crear una dependencia psicológica.

Tienes mala memoria; por eso no lo recuerdas bien.

Esto revela un alto nivel de manipulación: hacerte sentir culpable de algo que nunca hiciste. El narcisista te dirá frases como "Siempre me provocas", "Me haces reaccionar así", "Tienes la culpa". Por eso es importante que identifiques estos patrones: cuando te ridiculiza, cuando eres acusado de ser demasiado frágil, cuando cambia de tema si le reclamas algo, cuando le cuentas algo y te sientes ignorado. Presta, entonces, mucha atención para determinar si te encuentras frente a estas técnicas manipulativas.

¿Qué puedes hacer para no caer en su juego?

La mejor estrategia de cuidado más eficaz consiste en mantenerte consciente de lo que ocurre. No discutas si detectas argumentos circulares. Solo pon límites claros y firmes. Siempre haz una pausa y respira antes de reaccionar.

Además de identificar estos patrones externos, debes mirar siempre hacia adentro:

¿Sientes confusión o dudas constantes? ¿Aparece la ansiedad sin motivo claro? ¿Te invade la culpa por algo que no hiciste?

No necesito que otros validen mi experiencia para saber qué es real.

Estos son algunos tips que te servirán para limitar su comportamiento:

1. No entres en discusión circular. Si puedes discernir estos argumentos con calma, serás capaz de decir: "No vamos a llegar a ningún acuerdo; lo dejamos aquí" o "Ya te dije lo que pienso, no voy a seguir discutiendo".

2. Registra por escrito fechas, frases y situaciones para mantener tu claridad mental.

3. Estate siempre en contacto con terceros, pues hablar con una persona de confianza te ayuda a salir del aislamiento y a verificar los hechos.

4. Usa el "yo" en lugar del "tú". Esto evita las escaladas innecesarias: "Yo no recuerdo haberlo visto de esa manera", "Yo necesito tener claridad en este punto". Y, por supuesto, siempre toma distancia emocional fijando, sin temor, límites claros: "No acepto que invaliden mis emociones", "Si me interrumpes constantemente, no puedo continuar", "No discutiré si usas burlas o sarcasmos", "No voy a seguir hablando si me gritas". De esta manera, te proteges emocionalmente durante el proceso. Debes evitar la autoculpa, la duda y la autodescalificación.

No importa lo que digan otros: yo sé lo que viví.

Recuerda que, cuando el narcisista elige tus batallas, aunque las ganes, pierdes porque no son tu elección.

No todo requiere una respuesta, por lo que no debes entrar en sus provocaciones. Aprende a decir que no con calma, pero con firmeza, sin explicar demasiado. Por ejemplo, si él afirma: "Esto nunca pasó, estás loco, siempre haces problema por todo", puedes responder: "Mi percepción es válida, aunque no estés de acuerdo" o "Podemos hablar más tarde si estás dispuesto a hacerlo con respeto". Finaliza la conversación y retírate si es necesario. Otra frase que puedes utilizar es la siguiente: "Tengo anotado esto que hablamos el lunes". Si, en la familia, el padre o la madre comenta: "Siempre te quejas por todo", una respuesta saludable sería "Prefiero no hablar de esto si me vas a descalificar" o "Voy a hablar cuando me escuches con respeto". De esta forma proteges tu mente y eres capaz de poner límites claros.

Las frases breves y firmes cortan los ciclos de manipulación.

A lo largo de estos años, muchas personas que han sufrido el *gaslighting* han sanado sus heridas tras haber reconocido que fueron abusadas emocionalmente. Se dieron cuenta de que no era una "sensibilidad mía", pero tampoco justificaron al narcisista ni minimizaron lo vivido. Frente a personas con estas características, necesitas afirmar tu emoción y percepción, y expresar: "Lo que sentí es válido" o "Mis recuerdos son importantes", y otras frases por el estilo, y darte tiempo para permitir el dolor por lo sucedido. No es fácil liberarse de la duda, la confusión y la autoculpa; sin embargo, tampoco es imposible. Puedes volver a conectar contigo mismo. ¿Cómo lo haces? Practicando el autocuidado activo, reforzando los límites, usando el no sin justificarte, alejándote de las personas tóxicas y eligiendo entornos de respeto. Las autoafirmaciones diarias son frases breves, pero potentes, que te ayudan. Por ejemplo: "Tengo derecho a retirarme de un entorno abusi-

> Mi memoria está bien.
> Si no lo recuerdas, es tu problema,
> y no el mío.

vo", "Soy digno de respeto", "No necesito demostrarle mi valor a nadie".

Para concluir, tienes que aprender a distinguir tempranamente las banderas rojas al iniciar un vínculo de pareja, de amistad o laboral. Mantente atento y comprueba si surge la minimización de tus emociones, si hay bromas sarcásticas, si usan el silencio como castigo, si te sientes confundido tras conversaciones simples, si te hacen dudar de tu memoria, si te hacen sentir culpable por algo que nunca hiciste.

Tienes derecho a estar en vínculos nutritivos y saludables donde te escuchen y respeten. La confusión, la duda y la ansiedad no pertenecen a tu identidad. Detectar dichas banderas rojas pronto te previene de nuevos ciclos abusivos con gente narcisista.

Tu valor no depende de quien intenta confundirte y controlarte, sino de tu dignidad interna.

El silencio narcisista

¿Alguna vez le has hecho una pregunta a tu jefe y únicamente has recibido como respuesta el eco de tus palabras? Pues esa persona, en lugar de darte una respuesta, se dedicó a revisar la pantalla del ordenador mostrándose impaciente, como si tus dichos carecieran de importancia. Y allí sentiste que te faltaba el aire y te preguntaste si habías hecho algo malo porque te estaba ignorando totalmente.

Su silencio no era desinterés, sino control. Te estaba transmitiendo el siguiente mensaje: "Tu persona y tu vida tienen el mismo valor que mis ojos al observar la pantalla".

Un narcisista se mantiene en silencio, no para meditar en sus palabras, sino para controlarte.

El narcisista no se calla para hacer una pausa ni para meditar en un pensamiento. Para él, el silencio es estratégico. ¿Y cómo utiliza dichos silencios? De diversas formas, con gran sutileza, y siempre para herirte. Calcula con frialdad la falta de una respuesta o la ausencia de comunicación. ¿Para qué? Para lograr manipularte, castigarte y controlarte. Para provocarte ansiedad. Para dominar la conversación y hacerte reaccionar impulsivamente.

Algunos ejemplos: suelen quedarse en silencio ante una pregunta importante, no responder mensajes o llamadas telefónicas deliberadamente y contestar con una única palabra frente a una demanda tuya; de este modo, cierra toda posibilidad de diálogo.

En ocasiones, podrá mostrarte un rostro sin expresión, con el fin de no demostrar lo

No es madurez: es un berrinche adulto disfrazado de indiferencia.

que siente. O, sencillamente, interrumpirá una charla contigo, no dirá nada y se pondrá a mirar hacia otro lado. También puede marcharse en medio de una discusión contigo o no prestarte atención, y suspender todo intercambio sin aclarar el motivo. Esto último se conoce como *silent treatment* (tratamiento de silencio). En otras ocasiones, responderá con un monosílabo y después se quedará callado, lo que hará que seas quien conserve la tensión del momento. Su intención, en todo momento, es darte a conocer su desdén mediante ciertos gestos y luego guardar silencio como si nada hubiera ocurrido. ¿El fin de todas estas acciones? Ejercer el control emocional sobre tu vida sin necesidad de gritar.

¿Te sientes identificado hasta aquí?

Ahora bien, utilizará estos silencios en diferentes situaciones, ya sea en la pareja, en el ámbito laboral o en el lugar de estudio. Solo los acomodará a su gusto de acuerdo con quién o a qué busca dominar y manipular. Después de una discusión, es capaz de no hablarte durante horas o días. ¿Para qué? Para dejarte claro cuál es su voluntad.

No es un fin: es un intento de que vuelvas arrastrándote.

Todo lo calcula con frialdad y con un único fin: manipularte. No se trata de que se distraiga o de que no tenga tiempo: su objetivo siempre es dominar a los demás.

Era un silencio calculado: sabía que cada hora sin respuesta me desgastaba más.

¿En qué situaciones emplea el silencio un narcisista?

En aquellas en las que procura controlarte. Por ejemplo: cuando le pides algo, cuando le señalas un error, cuando le fijas algún límite. Si algo no resulta según su deseo, el silencio será una forma de protestar por lo ocurrido. También utilizará esta técnica cuando lo critiques por algo para, así, mostrarte su descontento. En el fondo, hace uso de esta acción pasivo-agresiva para dominar la situación. Si se siente vulnerable o débil, no busca apoyo, sino que se distancia y se calla, sin importar lo que te suceda a ti.

> *Me castigaba sin palabras, como si mi voz ya no mereciera existir.*

A veces, cuando discute, de repente se queda en silencio. ¿Con qué fin? Despistarte y convertirse nuevamente en el centro. Si se da cuenta de que tienes baja autoestima y buscas su validación, se calla para que dependas aún más de él. Si existe alguna situación de abuso emocional, aparecerá solo para no tener que pedirte perdón y para seguir dominándote. En medio de un acuerdo, hará silencio para tensionarte, generarte descontrol y obligarte a hacer su voluntad. Todo está perfectamente planeado para manipular. Para el narcisista ¡nada sucede por casualidad!

Objetivo del silencio narcisista

Fundamentalmente, consiste en castigarte de manera sutil, sin que te des cuenta. Con su actitud muda tiene la intención de que tengas dudas y te cuestiones en qué te equivocaste. De esta forma, se escapa de tener que admitir su responsabilidad, ya que no dijo nada. ¿De qué van a culpar a un mudo? Además, pretende ejercer dominio sobre tu mundo emocional y generarte negatividad, nerviosismo, incertidumbre y el deseo apremiante de arreglar las cosas entre ambos. Así, es capaz de manipular lo que decides, debido a que muchas veces preferirás ceder para mantener la paz.

El silencio no es casual, sino causal: busca alterar tu autoestima y hacerte desaparecer.

Otro uso común del silencio es para demostrar que es "mejor". Convierte su mutismo en un trono desde donde reina sobre todo y todos, sin que seas consciente. También lo ayuda a escapar de tener que hablar para llegar a un acuerdo y asumir su parte. Siempre buscará ser el centro de cada situación. Tal vez, el mayor riesgo sea que recurre al silencio para que dependas de sus acciones. Entonces, termina o retoma la relación a su antojo, lo cual te provoca confusión y angustia. Un hueco que solamente el narcisista puede llenar cuando quiera.

No es paz: es una guerra donde te dejan luchando solo.

¿Cuál es el enganche?

Frente a este tipo de respuestas, reaccionas con confusión porque no puedes comprender en qué te equivocaste. Por eso, no dejas de pensar: "¿Por qué no me dirige la palabra?". También le darás vueltas en tu cabeza a lo vivido con el narcisista, tratando de descubrir tu error para darle sentido al castigo mudo que recibes.

Otra forma de reaccionar es con ansiedad. Como víctima, estás tensionado, en espera de una conversación que no tiene lugar. Cada aviso de un nuevo mensaje te trae esperanza, pero no dejas de preguntarte obsesivamente si el narcisista te quiere o no, si la relación ya está terminada o no.

Y una tercera respuesta frente al silencio es el sentimiento de culpa que comienzas a sentir. Por lo general, eres quien se hace responsable por lo sucedido, que generó la ira y mutismo del narcisista; llegaste incluso a disculparte, aunque no hayas hecho absolutamente nada.

> Me dejó hablando solo, sabiendo que cada palabra no respondida era un pedazo de mí que se desmoronaba.

La tristeza y un sentimiento de abandono acompañan tu reacción cuando recibes sus silencios manipuladores. Te sientes invisible en la relación hasta el punto de temer ser abandonado. El mutismo, entonces, se convierte en una amenaza de rechazo o quiebre del vínculo, lo cual hace que te vuelvas aún más codependiente e inseguro. Esto, sin duda, afecta a tu autoestima, que recibe el siguiente mensaje silencioso: "No eres lo suficientemente valioso como para que alguien te hable", lo cual te transmite un sentimiento profundo de humillación.

¿Qué ocurre en tu cuerpo como víctima de un narcisista?

Tu cuerpo manifestará el castigo de este silencio. Tendrás la mandíbula y los hombros en tensión todo el tiempo. Y, mucho más, ese silencio pesará en tu cuello o en tu cabeza. Así es como manifestarás problemas para dormir. Tus malestares estomacales podrán ser recurrentes; posiblemente, la comida te caiga mal... Y estos son solo algunos de los síntomas que puedes llegar a padecer al convivir con un narcisista o al estar en un ambiente así.

¿Cuál es el efecto en tu psique como víctima de un narcisista?

El efecto psicológico del silencio narcisista se profundiza a medida que pasa el tiempo. Como víctima, te vuelves hipervigilante todo el tiempo. ¿Qué significa esto?

Que estarás pendiente de cada gesto y de cada alteración en las emociones del otro, lo que hará que tu salud dependa de cualquier indicio de tensión en la relación. Esto provoca un aumento de la codependencia a nivel emocional y la necesidad de recibir la aprobación constante del narcisista para sobrevivir.

¿Por qué el silencio constituye una estrategia tan eficiente para el narcisista?

La razón es que este silencio quiebra el fluir emocional del vínculo. Como víctima, quedas desorientado y sientes que has quedado solo. De repente, el narcisista se coloca por encima de ti y te obliga a ser quien dé el primer paso para arreglar las cosas entre ambos y, así, restaurar la relación, incluso cuando la responsabilidad de lo sucedido no te corresponda. Como ya hemos mencionado, quedarse callado es una manera de escapar de sus propias acciones y sus consecuencias, y lograr que la atención se dirija hacia la respuesta que tú le des.

No era ausencia de palabras: era un castigo premeditado.

Esto crea un ciclo que nunca acaba. Cuando vuelven a estar en contacto, te sientes aliviado, como si recibieras un premio, lo cual solo refuerza el funcionamiento de la relación. Poco a poco, ocultas tu descontento y dejas de reclamar para no provocar otro silencio. Así, cedes y terminas por adaptarte al comportamiento tóxico del narcisista por temor a volver a sufrir su indiferencia. El temor, sostenido en el tiempo, llega a transformarse en sumisión.

¿Qué hacer?

¿Has sufrido estos silencios narcisistas? Tienes que pensar antes de actuar, no responder en piloto automático y recuperar tu centro. Respira profundo y recuerda que no eres responsable de la actitud de los demás. Mantén la calma y evita dar mensajes irónicos. Debes saber que el narcisista usará este tipo de comunicación para manipularte. Y, en caso de que los silencios se prolonguen más de lo esperable, fija tus límites y no permitas ningún tipo de abuso.

> *Si tu silencio es tu poder, mi indiferencia será mi libertad.*

No obstante, puedes usar alguna de las siguientes frases para marcar su falta de respeto en el intercambio:

- "Entiendo que no quieras hablar al respecto, pero, por favor, no utilices el silencio como una forma de terminar la situación sin llegar a ninguna solución".

- "Cuando estés preparado para conversar sobre nuestro tema, dímelo y avanzamos".
- "Que prefieras hacer silencio no traerá ninguna solución. Pero hablemos cuando puedas hacerlo sin agredirme".
- "Si no tienes interés en conversar por el momento, está bien, pero yo no seguiré compartiendo contigo esta atmósfera".

Frente a una persona con estas características, necesitarás pararte firme sobre tus valores y defenderlos. No necesitas explicar todo ni humillarte para que te hable. Tus límites con él deben ser claros. ¡Aprende a ser estratégico! No supliques que te hable; recuerda que el silencio al que recurre es una manera de ejercer el control de la situación.

Splitting

¿En alguna ocasión has sentido que eras el ser humano más maravilloso y comprensivo de la Tierra para alguien y, de un día para el otro, pasar a ser invisible? Y todo por una equivocación o por una opinión distinta…

De pronto, su afecto y sus elogios se transformaron en total desinterés en ti. Ayer eras su "alma gemela", y hoy eres solo "alguien más del montón", sin escalas ni explicaciones. Y sientes que te has caído de un lugar al que nunca pretendiste elevarte.

La manera en que te ve (de color negro o blanco, sin matices) no es sincera ni verdadera.

Estás ante algo que se denomina *splitting*: ese espacio donde solo hay buenos o malos. El narcisista decide de qué lado te encuentras. El *splitting* es un mecanismo que utiliza el narcisista y significa "escisión" o "segmentación". Es decir, es la manera de separar en extremo la mirada hacia el otro, lo cual implica que te idealiza o te odia. El narcisista puede idealizarte y admirarte en medidas altas; sin embargo, cuando vea algún error o sufra una desilusión de parte de ti, recurrirá al *splitting* para transformarte en la peor persona del mundo.

Nadie me entiende como tú
Eres igual a todos los demás

No tiene punto medio. Su manera de funcionar es similar a la del obsesivo, quien también trata todo el tiempo de separar a la gente buena de la gente mala; vendría a ser como un "*splitting* moral", típico de algunas personalidades que aman u odian.

Mi ex era un monstruo
Ahora es mi mejor amigo
(cambios radicales)

De todos modos, ten presente que todos venimos a este mundo con vulnerabilidades y con fortalezas. La diferencia entre el bueno y el malo es que el primero también es malo, pero no lo ejerce. Sin embargo, el narcisista no acepta la ambigüedad, no la tolera ya que, de esta manera, también piensa sobre sí mismo que todo lo grandioso está en él. Por eso, cuando esto se derrumba por alguna crisis, cae en sus propias profundidades, expresando que no sirve, que no quiere, y experimentando emociones muchas veces autodestructivas. Esta manera de verse a sí mismo como maravilloso o como un desastre es igual a cómo se relaciona contigo.

Soy un genio
Todos están en mi contra (de grandiosidad a victimización)

Es decir, te aman o te odian porque, con esta actitud, también defiende su autoconcepto.

La culpa narcisista

¿Alguna vez alguien a quien apreciabas mucho te ha enviado un mensaje con un tono de frialdad y desinterés, sin que supieras cuál era la razón? Y sentiste que el vínculo se cortó de golpe... Entonces, comenzaste a repasar en tu mente cada palabra, cada gesto, cada mirada. Te cuestionaste si habías hecho algo malo por lo cual lo habías ofendido. Luego trataste de pedirle disculpas por algo que, en realidad, no había sucedido, pero con la intención de acercar la distancia. Y la respuesta que obtuviste de su parte fue "¿No tienes idea de lo que hiciste? Está bien, no te preocupes".

El narcisista coloca en ti aquello que no puede aceptar de sí mismo (sus emociones negativas) y te obliga a asumir la responsabilidad por algo que no te pertenece. En psicología, a este mecanismo lo llamamos "identificación proyectiva". ¿Qué significa esto? Este mecanismo consiste en hacerte sentir culpable de aquello que nunca hiciste. Como hemos visto, esta persona siente envidia y hostilidad que no tolera; por eso, mediante insinuaciones, ambigüedades, tonos acusatorios y silencios, busca hacerte creer que cometiste un error o que estás en falta.

> *Si no hubieras hecho X, yo no habría hecho Y.*

Es decir, pone dentro de ti su propio malestar para hacerte sentir responsable o culpable, sin pruebas de que hayas hecho nada malo. De esta manera, te empiezas a sentir culpable pensando que te has equivocado cuando, en realidad, no es así. Por ejemplo, el narcisista puede decirte: "Me decepcionaste porque no me acompañaste ayer. Claro, para ti no soy importante".

De este modo, tú no sabes lo que el otro esperaba o pretendía de ti (en este caso, que lo acompañaras), por lo que estas palabras te hacen sentir culpable de haberle fallado. Entonces, te sientes derrotado y crees que necesitas reparar, agradar y ganarse el amor del narcista. Por ejemplo, te dirá: "Tú siempre me tratas fríamente, como hoy en el almuerzo",

> *Eres demasiado sensible: por eso reaccioné mal.*

cuando en el almuerzo lo trataste como siempre; sin embargo, él reescribe el trato normal como maltrato recibido. Así es como cambia los significados para que termines sintiéndote culpable.

En otras ocasiones, recurrirá al pasado como un arma: "Yo sé que vas a minimizar lo que hiciste, como siempre", aunque no logres recordar el hecho del que ahora te acusa. Una condena de culpa constante genera en ti un intenso malestar hasta que descubres que no has hecho nada malo. Recién entonces es cuando puedes comenzar a ser libre.

Lo siento... ¿Ya estás feliz?

Tengamos en cuenta que la culpa es una emoción que solemos experimentar cuando hicimos un daño real a terceros o a nosotros mismos. Dicha emoción surge como una manera de reparar el daño: estuviste mal porque le gritaste a tu hijo, y le pides disculpas. Pero ten en cuenta que el narcisista nunca utiliza los hechos reales, sino que los inventa (como si fuesen reales), y establece, así, tu "cadena perpetua".

¿Qué puedes hacer para liberarte de esta culpa manipuladora?

No expliques nada ni te justifiques, sino opta por preguntarle: "¿Me puedes decir claramente a qué te refieres?". De esta manera, "obligas" al narcisista a que te mencione el hecho concreto y específico devolviéndole la responsabilidad a este.

Si dice: "Pensé que me conocías mejor", no asumas ese error. Puedes responderle: "Dime con claridad a qué te refieres porque no logro adivinarlo". De este modo, como se dice comúnmente, le "devuelves la pelota" y le pides la concreción de su acusación en un tono tranquilo, sin comprar, así, ninguna culpa.

En el próximo capítulo de la manipulación narcisista, ampliaremos este tema...

Envidia y competición

¿Alguna vez, mientras estabas compartiendo una buena noticia (tal como el anuncio de un viaje, una nueva relación o un nuevo trabajo), te diste cuenta de que el otro sonreía con nerviosismo y de que sus palabras de felicitación no eran sinceras? Enseguida, esta persona cambió el eje de la conversación y empezó a hablar de ella misma y de sus propios logros.

O, tal vez, sentiste que cada intercambio no era otra cosa que una competición disfrazada por ver quién tenía razón o quién era más exitoso. Un juego de la otra parte al que nunca tuviste la intención de entrar.

Debes saber que, detrás de esa actitud, no hay verdadera alegría por lo que te ocurre, sino solo envidia y el deseo de superarte.

Ahora bien, ¿cómo nacen los sentimientos de envidia y de competición en una persona narcisista? Por lo general, de un sentimiento profundo de falta de seguridad en sí misma, así como también de una autoestima baja. Como la persona siente que no puede y que no vale, precisa recibir validación con respecto a su relación contigo. Y, para ello, hará uso de la comparación para medir su propio valor. Desde los primeros años de vida, el narcisista llega a la conclusión de que **valoración es sinónimo de competición,** que debe luchar para ganarse tu amor (que, además, es escaso) y que, al vincularse contigo, está obligado a compararse y competir, antes que a cooperar.

A ti todo te vino dado, ¿verdad?

La envidia de un narcisista constituye un instrumento que utiliza para lograr el control en su relación contigo, con el fin de no sentirse vulnerable o inferior a ti. En realidad, gran parte de las características que posee esta persona nacen del hecho de haber sido comparada con sus hermanos o criticada por sus padres. También, de un alto nivel de expectativas de ser aprobada por el hecho de ser especial. De este modo, el valor que se da a sí misma tiene únicamente dos fuentes: **brillar u opacar tu brillo.** Dicho patrón se repite más adelante en el ámbito laboral, la pareja, la amistad y cualquier grupo al que pertenezca, lo cual eterniza su sensación de vacío y su tensión permanente.

Estas son algunas de las creencias por las que funciona el narcisista:

- "Si no brillo, no existo".
- "No hay para todo el mundo, así que tengo que quitarles lo suyo a los demás".
- "El éxito no es para todos; ganan los demás o gano yo".

El narcisista se compara contigo sobre la base de dos facetas:

- La competición: "Para sentirme valioso, debo brillar".
- La envidia: "Detesto que otra persona logre lo que yo quiero".

Este mecanismo para atribuirse valor, que suele ser inconsciente, solo provoca rencor y enfrentamiento.

La persona narcisista se empeña en levantar una **imagen falsa de sí misma** que busca todo el tiempo tu admiración porque lo ves como alguien superior y le brindas toda tu atención. ¿Quiénes son sus enemigos? Todos aquellos que quieran derribar dicha imagen. Por esa razón, su **autoestima** está basada en el hecho de obtener resultados, ser reconocido por ti y ser considerado alguien mejor que tú. Es así como competir contigo y envidiarte es la manera de alimentar su ego y, sobre todo, de reaccionar frente a ti, si resultas ser una amenaza para él.

> *Claro, tú tienes suerte...*
> *Yo lo conseguí con esfuerzo real.*

El efecto de la competición narcisista en las relaciones

¿Qué impacto tiene la competición narcisista en las relaciones? Su superficialidad hace que el vínculo que pueda tener contigo resulte totalmente superficial, pues siempre hay un interés detrás. Asimismo, la toxicidad de sus celos no permite que exista una ayuda genuina y socava tu confianza al punto de provocar tu alejamiento. Estas actitudes pueden verse en acciones concretas, como la **competición en la manera de**

> *¿Eso es todo lo que has logrado?*
> *A mi edad, yo ya había...*

hablar (lo que le sucede al narcisista es más importante que lo que te sucede a ti), **el menosprecio de tu éxito** y el **orgullo sutil** para ser admirado y validado por ti.

Alguien con estos rasgos **no puede soportar no ocupar el primer lugar**, **relativiza tu brillo** ("No eres tan bueno como parece"), e incluso **se alegra cuando a ti te va mal**. En los casos más graves, puede llegar a esparcir **falsos rumores** para dañarte, a **imitarte para opacarte** o a **enfurecerse al ver que te lo pasas bien**. Estas acciones anulan toda posibilidad de que pueda conectar profundamente contigo, a quien considera "su rival", pues tus logros solo son vistos como amenazas a su propia autoestima.

Todos te felicitan pero, en realidad, fue idea mía.

Te invito a considerar, a continuación, algunos ejemplos prácticos. El narcisista...

- sabotea tus ideas para que solo sean aceptadas las suyas en un entorno laboral,
- te muestra con orgullo sus logros personales para sentirse superior a ti,
- compara sus resultados con los tuyos,
- difunde tus errores, sobre todo si eres admirado por los demás,
- critica tu aspecto físico, en especial si los demás lo alaban,
- habla mal de ti si, por ejemplo, has recibido un premio, y comenta: "Seguramente pagó para que se lo dieran",
- se siente incómodo cuando le cuentas algo bonito que te sucedió,
- está contento secretamente si te ve tener un problema,
- boicotea tu trabajo para evitar que te den un ascenso.

Ahora bien, ¿cómo deberías relacionarte con este tipo de personas?

Si te das cuenta de que una persona te envidia y quiere competir contigo, no caigas en su trampa y procura no responder nada para abortar su intento de rivalizar contigo. Simplemente, con tranquilidad, haz un comentario como "¡Qué bien!", y continúa con otra cosa. En tu mente, ten presente que su actitud competitiva solo es una muestra de su baja autoestima.

Si, frente a una publicación en redes sociales de una situación feliz, te deja un comentario sarcástico y reconoces su envidia, no intentes que apruebe tu vivencia. Tampoco le des ninguna explicación de tu felicidad. Sigue adelante con tu vida sin esperar su validación, manteniendo solo una relación virtual.

Si, cuando le compartes un logro personal, hace comentarios tales como "¿Cuánto has pagado por ese curso?", "Bueno, no hay tanto que celebrar", y te critica todo el tiempo, comienza a hablar de otro tema. Ya no le compartas cada logro que tienes. No intentes que esté de tu lado ni te justifiques. Limítate a hablar de cuestiones que no sean personales y fortalece tu autoestima sin esperar que te valide.

Si eres consciente de que una persona está feliz cuando algo te sale mal, y te dice: "Yo te avisé, y no me hiciste caso", no le des ningún tipo de explicación ni discutas. Acepta la lección de lo sucedido, pero no dependas de su opinión para tener una autoestima sana. Limítate a decirle con tranquilidad: "Lo sucedido me sirve para saber qué no hacer. Gracias por tu comentario".

Y, si percibes que hay envidia en ti, que te enfada ver que una persona logró lo que tú aún no has logrado (algo que deseas hace tiempo), o tienes la necesidad de disminuir dicho logro con un comentario negativo, admite lo que estás sintiendo, pero no te juzgues. Hazte algunas preguntas como "¿Por qué quiero sentir que soy mejor que los demás? ¿Hay algún vacío en mi interior?". Céntrate en tu propia vida, y en tus propios logros, y no te compares con nadie.

Recuerda que el comportamiento del otro es un reflejo de lo que hay en su interior, no de su valor. Sigue adelante con tu vida y deja que brille tu propia luz.

> *El narcisista no compite por el trofeo, sino por no enfrentarse a su vacío.*

Ahora bien, ¿cómo puedes darte cuenta de si hay actitudes narcisistas en ti? Estos son algunos cuestionamientos que podrías hacerte:

- "¿Por qué me siento incómodo cuando a alguien le va bien en la vida?".
- "¿Por qué siento la necesidad de sentirme superior?".
- "¿No puedo alegrarme sinceramente del éxito ajeno?".

- "¿Solo deseo superar a los demás o puedo aprender de todo lo que me sucede?".
- "¿Me enfado si alguien conocido consigue algo?".
- "¿Por qué estoy siempre comparándome con los demás?".
- "¿Hablar de mis logros alimenta mi autoestima?".
- "Para sentirme bien, ¿necesito opacar el brillo de los demás?".

¿Cómo desactivas el narcisismo envidioso y competitivo en ti mismo?

Sé consciente de que necesitas que te amen incondicionalmente, lo cual es algo que solamente Dios puede hacer. Agradece por tu vida tal como es. Alégrate por la vida de los demás como "tus compañeros de travesía". Acepta tu mundo emocional, sin juzgarte. Entiende que compararte con otros no es una necesidad, sino un hábito que se suele desarrollar. Pon la mirada en tu propio proceso y felicítate por tus logros sin competir con los demás. Celebra el éxito ajeno como muestra de que eres un adulto emocionalmente maduro. ¡Deja de alimentar tu ego!

Y recuerda que la envidia y la competición en una persona narcisista no se deben a debilidades de carácter; tampoco son reacciones negativas ante tu bienestar. Son, en realidad, parte de su mecanismo de defensa y protección, que suele ser inconsciente. Incluso cuando

reaccione con violencia, no es más que un intento deses-
perado por conservar un ego que sufre de falta de fortaleza, suficiencia y protagonismo. Esa persona se siente
desdibujada cuando tú recibes reconocimiento por bri-

Te felicito... aunque yo lo habría hecho en la mitad de tiempo.

llar. A través de la envidia o
de la competición, busca sentir que él también existe.

Un pensamiento típico de alguien con estos rasgos
es "Si soy superior a los demás, soy valioso" o "Si los
demás tienen éxito, yo soy un perdedor". De este modo,
compararse le resulta útil para agrandar su imagen,
mientras que la envidia lo coloca a tu mismo nivel y,
así, logra desvalorizarte.

Existe también un aspecto interior de "fantasía repa-
radora". En su interior, el narcisista se dice a sí mismo:
"Si yo lograra eso que él ha logrado, sería feliz" o "Si soy
mejor que los demás, todo el mundo me admirará". Estas creencias alimentan un deseo permanente de tener,
alcanzar o ganar, pero sigue sintiéndose vacío aun cuando consigue lo que desea. ¿Por qué ocurre esto? Porque
su autoestima no depende de aquello de lo que carece.

Pero esta forma de funcionar no resulta tan obvia
como crees, sino que suele manifestarse en las pequeñas reacciones del día a día. Surgen expresiones de malestar frente a tu éxito, comentarios hirientes para em-
pequeñecerte, enfado frente a tu bienestar y tu disfrute,
y necesidad de mostrarse como superior a todos. Son

maneras sutiles, por lo que casi no te das cuenta, pero poseen una pesada carga emocional.

¿Cuál es el resultado de esta actitud? La competición, que tiene lugar de manera invisible. Un narcisista vive comparándose contigo. Se alegra internamente cuando estás deprimido porque te ha ido mal, y se siente eclipsado cuando eres exitoso. Aun si no manifiesta estos sentimientos abiertamente, siempre habrá tensión y separación en su relación contigo.

Ahora bien, mientras continúe funcionando de ese modo, no será capaz de experimentar emociones como la alegría y la gratitud. Si siente que tú eres una amenaza para su vida, será imposible que se alegre de corazón por tus logros. Tampoco podrá disfrutar los propios, si cree que puedes quitarle su lugar en cualquier momento. La envidia y la competición siempre nos alejan de la felicidad y no nos permiten hallar un refugio interior en tiempos de dificultades.

Si tú lo lograste, cualquiera puede.

Capítulo 3
Manipulación narcisista

X: — ¿Me puedes dar una mano con esto?
Narcisista: — ¿Justo ahora? ¡No puedo, tengo mucho tra-
bajo! Es injusto que me pidas ayuda conociendo mi si-
tuación. ¿No te das cuenta? Siempre estás centrado en ti
mismo.

¿Has tenido alguna vez la sensación de estar estancado en un vínculo donde nada de lo que hacías era valorado y donde "Te quiero" y "Nunca te valoré" eran dos caras de la misma moneda? Muy probablemente hayas interactuado con un narcisista manipulador sin darte cuento de ello.

Ten en cuenta que el objetivo de una persona con estas características es llenar un gran vacío en su interior. Por eso se muestra siempre como superior a los demás e intenta por todos los medios no tener que asumir la responsabilidad de sus acciones. Así, logra mantener el poder sobre los demás, al tiempo que recibe atención, aprobación y privilegios permanentemente. Suena fuerte,

¿verdad? En realidad, lo que esconde su actitud es una necesidad imperiosa de no mostrarse como alguien vulnerable o débil, es decir, ¡tal cual es!

¿Y cómo lo hace? No toda persona manipuladora utiliza las mismas estrategias. El narcisista posee una "habilidad" especial para manipular a los demás. Por lo general, te observa y llega a conocer tus gustos, tus anhelos y tus mayores temores. Y, con el tiempo, hace uso de esa información para obtener algún beneficio.

Tendrá el control de su discurso para mantener su imagen y obtener beneficios en diversas áreas, ya sean finanzas, relaciones sociales o su propio mundo emocional. De esta manera logra salir indemne de sus equivocaciones, de las cuales culpa a los demás. Su capacidad para manipular es alimentada por ciertas características innatas; una de las principales es la "falta de empatía por la gente". Te demostrará cariño en pequeñas dosis, a modo de premio, para que llegues a depender totalmente de su validación. Es consciente de que, como eres alguien que suele sentir culpa, desea complacer al otro y huir de los conflictos, podrá manipular tu mundo emocional con facilidad.

Además, tiene la capacidad de evaluar a aquellos que están cerca para, así, detectar tanto sus puntos débiles como los fuertes; sus deseos y sus habilidades comunicativas, que los convierten en atractivos (pero superficiales) para el resto. Por lo general, la imagen que tiene de sí mismo está distorsionada, lo cual no le permite reconocer sus falencias ni responsabilizarse por su vida. Todas estas características hacen que recurra a la manipulación como un instrumento para relacionarse con la gente.

> *Hago esto por tu bien, aunque ahora no lo veas.*

¿En qué se diferencia el narcisista de otros manipuladores?

Un narcisista manipulador obtiene resultados porque logra identificar qué es lo que quieres y a qué le temes. Entonces, hace uso de ello para influenciarte negativamente. Para lograr esto, recurre al afecto, cuya demostración tiene lugar de manera interrumpida, a fin de que te vuelvas dependiente emocionalmente, dado que se da cuenta de si eres una persona que tiende a victimizarse, a complacer a otros o a escapar del conflicto.

Este tipo de manipulación es diferente de la manipulación en general, la cual recurre a ciertos métodos para influir en otros solo en determinadas ocasiones (como resultado del temor o de la ambición), pero no ocurre de manera sistemática. Un narcisista manipulador es alguien perseverante

> *Eres demasiado débil para gestionar esto sin mí.*

que persigue su objetivo con regularidad al relacionarse contigo, para sentirse validado o poderoso.

Técnicas utilizadas por un narcisista manipulador

La culpa

¿Cómo lo hace? Se hace la víctima, proyecta sus errores sobre ti, exagera las circunstancias, te compara negativamente con otros y te recuerda todo lo que "le debes" por su supuesto sacrificio.

¿Cómo es la culpa que provoca un narcisista? La culpa que él provoca es diferente. Es confusa, permanente, agotadora y siempre aparece justo cuando intentas ponerle un límite. Te deja con la sensación de ser una mala persona, con una necesidad constante de disculparte y con una autoestima hecha pedazos.

Piensa bien antes de hacer algo; no quiero que te arrepientas.

Hoy en día podemos ver cómo ciertas publicaciones en las redes sociales son compartidas con mensajes que provocan culpa en los lectores o en una persona determinada. Por ejemplo: "¡Qué bien que puedas disfrutar de tu viaje y compartirlo con quienes no tenemos esa suerte!".

Observemos algunas de sus frases de culpabilización preferidas (¿te las han dirigido en alguna ocasión?):

- "Con todo lo que te di, ¿así me pagas?".
- "Esto no me lo esperaba contigo".
- "¿Por qué me haces esto?".
- "Te agradezco que me hayas arruinado la noche".
- "Yo no te importo en absoluto".
- "Eres igual que todos los demás que me hicieron daño".
- "Si me quisieras, te sacrificarías por mí".

¿Cómo sabemos si hemos caído en este tipo de manipulación? Identificando algunas señales inequívocas.

> *Si hicieras lo que te digo, las cosas serían mucho más fáciles para ambos.*

Si de pronto te sientes mal sin una razón aparente, si te disculpas por todo, si no logras decir que no con firmeza, si te sientes ansioso o confuso por miedo a ser abandonado, todos estos son signos de alarma. Tu brújula interna te está mostrando que algo anda mal y que estás empezando a depender de esa persona a diario.

Tal vez te sientes culpable a menudo y sin un motivo para ello. Quizá, crees que es tu responsabilidad que el otro se sienta siempre bien. Puede ser que todo el tiempo necesites disculparte por algo, aunque se trate de algo sin importancia. Tal vez, tener que ponerles límites a quienes te rodean te genera

> *Estoy decepcionado contigo, pero sé que puedes cambiar si quieres.*

ansiedad. Estas situaciones son un poderoso indicador de estar siendo manipulado por la culpa.

¿Cómo reaccionar frente a la culpa del narcisista manipulador? Respira y cuenta hasta diez antes de responder con impulsividad cuando te quiera hacer sentir culpable. Es muy importante también preguntarte con honestidad: "¿Me he portado mal?". Este cuestionamiento personal te permite darte cuenta de si es manipulación o no. No olvides que cada uno debe hacerse cargo de su mundo emocional. Adopta una actitud consciente y firme.

Lo ideal es que emplees frases breves y directas para dejar claro lo que piensas y, sobre todo, que seas firme a la hora de fijar límites, aunque te presione para que colapses. También es muy positivo que procures recibir la contención de tus seres queridos y, en algunos casos más graves, la atención de un profesional que te ayude a mirar la situación desde otro punto de vista y a fortalecerte para seguir adelante.

Yo intento darte amor, y tú solo me hieres.

Estas son algunas frases asertivas para hacer frente a esta clase de manipulación que sirven para validar lo que sientes evitando la culpa o la falta de límites claros: "Yo acepto lo que sientes, pero no voy a cambiar mi postura", "Siento mucho que esto no te guste, pero es mi decisión", "Cuando estés listo para hablar con tranquilidad y respeto, aquí estaré" o

"No voy a cargar con una culpa que no me pertenece". Todas estas reacciones tienen el poder de desarmar la manipulación porque no aceptan de ningún modo la culpa sin justificación.

La victimización

Estamos aquí ante otra de sus herramientas preferidas: ponerse en el lugar de víctima para manejar, así, tus emociones y evitar la responsabilidad de sus actos. Pero no te confundas: no se trata de verdadera debilidad, sino de una postura elegida para que le des tu atención y tu empatía, con el fin de controlar a todo el mundo. De este modo, también provoca culpa y obtiene la validación y colaboración de los demás. De ninguna manera se trata de vulnerabilidad real, sino más bien de una actitud consciente y adoptada para manipular y sentirse importante.

Si realmente me quisieras, aceptarías mi plan sin discutir.

Cuando te diga que su sufrimiento es mayor que el tuyo (incluso si fue el otro el que te hizo daño), cuando te haga sentir culpa por reclamarle por algo que está mal, cuando tengas la sensación de que su vida siempre está en primer lugar (¡y la tuya en el último!), presta atención. Estás en presencia de un maestro de la victimización.

Lo importante es poder ver la diferencia entre debilidad real y una actitud fingida para controlar. No compres su actuación de "necesitado que necesita un salvador". Fíjale siempre límites claros con firmeza y sin gritar. Dile: "Lamento que te sientas así, pero esta es mi elección".

Observa cómo habla para hacerse la víctima...

- "Nada de lo que hago me sale bien".
- "Soy como soy por como fue mi familia".
- "Nadie comprende mi dolor".
- "Estoy cansado de sufrir".
- "Yo soy tan bueno con los demás... y nadie lo reconoce".

Siempre soy yo el malo en esta relación.

¿Cuáles son los objetivos al hacer uso de esta técnica?
El narcisista manipulador siempre intenta desligarse de sus propias responsabilidades. Busca hacer que el otro le preste su atención y le brinde su ayuda. Así, puede ocultar sus acciones inapropiadas, controlar a terceros (sobre todo, para desactivar a aquel que le fija un límite) y ser siempre el centro en la relación.

Por todo esto, sé sincero con tus propias emociones

Me sacrifico todos los días y ni siquiera lo ves.

para reconocer la victimización que adopta un narcisista. Cuando sus problemas son solo excusas para no reconocer sus errores, o cuando es más importante su bienestar que el tuyo propio, estas son señales de alerta.

Frente a ello, no les des vueltas a las explicaciones, pues esto solamente mantiene el juego de victimización manipuladora en marcha. En vez de adoptar el papel de salvador, observa qué actitudes son repetitivas, mantén los límites fijados con determinación y procura recibir apoyo de quienes te quieren bien para poder ver la situación de manera objetiva. Una frase que puede colaborar para que reacciones asertivamente y sin cargar con culpas es "Siento mucho que esto no te guste, pero es mi decisión".

Los elogios

Todo el mundo necesita ser amado y validado. Un cumplido hecho con sinceridad nos acaricia el alma. Pero los elogios narcisistas, por lo general, suelen ser excesivos y solo en ocasiones puntuales (por ejemplo, después de quejas o de indiferencia) y siempre exigen algo a cambio: ¡que hagas lo que él desea!

Los halagos que se realizan de manera exagerada y esporádica se utilizan como una estrategia para ejercer influencia, atracción o control sobre el otro, con el objetivo de volverlo alguien codependiente a nivel emocional, suprimir sus límites y obtener tanto validación como favores. La mayoría de las veces suelen funcionar porque llegan muy al fondo de la persona que lo recibe.

No es fácil mantener los límites cuando quien te rompe el corazón después te dice algo bonito. Llegas a pensar: "No debe de ser tan malo si me dice esas cosas". Y te quedas esperando que algún día cambie, solo porque se mezclan el sufrimiento y los elogios.

¿Cómo son sus elogios?

- Excesivos: "Eres el ser más maravilloso del planeta".
- Esporádicos: solo surgen después de ignorarte o criticarte.
- Con una condición: solamente surgen si el otro es complaciente.
- Funcionales: hace uso de estos cuando quiere algo.

Me encantan tu forma de pensar y todo lo que aportas.

Los elogios de un narcisista poseen un diseño que es, a la vez, imperceptible y eficaz. Primero, te idealiza: "¿Sabías que eres único? Nunca conocí a nadie así"; con esta actitud rodea a su víctima y la hace sentirse especial y valiosa. Luego, de repente, te devalúa criticándote sutilmente, siendo frío o indiferente. Y, cuando ve que te estás yendo, recurre nuevamente a los elogios para recuperarte: "Te echo mucho de menos… Nadie me hace sentir como tú". La víctima confía otra vez, y es así como el ciclo vuelve a iniciarse, a la espera de que regrese esa persona maravillosa que fue en los comienzos.

> *Eres el único que sabe cómo llevar adelante esta familia.*

El efecto en quien recibe los elogios

Los elogios de un narcisista tienen el poder tanto de confundirte como de llenarte de esperanza de que la situación cambie. Esta inestabilidad emocional no te permite fijar y mantener claros los límites. Los elogios que surgen de vez en cuando mantienen el ciclo idealización/devaluación en marcha y refuerzan la codependencia emocional que impide que la víctima se dé cuenta de la verdad. A esta altura ya no puede pensar con claridad ni decidir de manera objetiva.

¿Cómo se rompe este ciclo tan nocivo? Reaccionando con imparcialidad. Diciendo simplemente: "Gracias" sin ceder terreno. Es fundamental ver qué sucedió antes del elogio y después de este y, sobre todo, si las palabras y las acciones coinciden. Una frase como "Aprecio lo que me dices, pero quiero ver coherencia con tus acciones" colabora a mantener los límites fijados sin caer en discusiones sin sentido. Nuestro valor no está basado en la opinión de la gente, sino en la fortaleza para sostener aquello de lo que sabemos que es bueno para nosotros.

Señales de manipulación por elogios de un narcisista

Quedas confundido mentalmente después de interactuar con el narcisista; sientes culpa sin razón; buscas justificarte todo el tiempo; dudas de tu propia capacidad de comprensión; te quedas sin apoyo externo de seres queridos en los que confías; sientes responsabilidad por su bienestar; frente a su llanto, tienes dificultad para seguir diciendo que no; te crees malo por tomar y sostener decisiones; ves que sus elogios dejan de aparecer cuando no haces lo que desea; eres criticado o ignorado después de un elogio; y ves que usa el sufrimiento propio para justificar sus equivocaciones.

¿Algo de todo lo anterior te resulta familiar?

¿Qué se debería tener en cuenta para identificar la manipulación narcisista?

No es que te controle: es que sé lo que es mejor para ti.

Fundamentalmente, fíjate en lo siguiente: si pides permiso para todo, si te sientes confundido o dudas de ti reiteradamente, si no hay nada que contente al otro, si necesitas justificarte todo el tiempo, si te sientes culpable o temeroso de decirle que no, si vas de la demostración de afecto a la frialdad constantemente.

¿Qué hacer para romper el ciclo?

Lograr salir de las garras de esta dinámica no sucede de la noche a la mañana. Es un proceso que empieza cuando, valientemente, decides ver las señales y patrones que se repiten.

Esto es lo que te permitirá comenzar a fijar límites firmes y claros, que ya no están

> *Tus elecciones son tuyas, y no una deuda mía.*

basados en el mundo emocional del otro ni en la presión que ejerza para que no lo hagas.

La clave radica en no justificar en exceso aquello que decidas. Si exageras las explicaciones, corres el riesgo de que tu "no" se convierta en un "tal vez". También es importantísimo que busques el apoyo de personas conocidas y fiables. El aislamiento o el intento de solucionarlo todo por tu cuenta solo logrará que sigas dudando y que sientas confusión. Si es necesario, aléjate del manipulador a nivel tanto emocional como físico para lograr tu propio bienestar.

Como ya hemos mencionado, también es fundamental que puedas distinguir entre vulnerabilidad verdadera y manipulación emocional. Tanto el llanto como el sufrimiento se pueden fingir. Salir del papel de salvador es una forma de cuidarte. Nadie puede salvar a nadie y, mucho menos, cuando hacerlo te puede costar la salud y, en algunos casos, incluso la vida.

No es necesario que reacciones de manera agresiva. Tus respuestas deben ser firmes, pero respetuosas al mismo tiempo. Una frase como "Cuando estés listo para hablar con tranquilidad y respeto, aquí estaré" es una manera específica de romper el ciclo, pero sin perpetuar el conflicto.

Puedes opinar, pero la elección es mía.

Si la manipulación adopta la forma de un elogio, la estrategia se modifica, pero el consejo es el mismo: no cedas. Agradece con imparcialidad y ten en cuenta si el elogio y el comportamiento coinciden o no. De ninguna manera permitas que esto diluya tus propios límites. Recuerda: **no eres más valioso porque alguien que te daña te brinde su reconocimiento.**

Tu respuesta emocional debe volverse más estable. ¿Qué emociones te provocan esos elogios que, en lugar de acariciarte, te aplastan? Saber esto constituye tu responsabilidad. No cedas ni por culpa ni por llanto ni por frases que parecen amorosas, pero no lo son. Mantén tus límites, aun cuando el otro se victimice.

Puedes recordarlo distinto, pero yo confío en mi memoria.

Y, de nuevo, ¡busca el apoyo de quienes te quieren de verdad!

Las frases que sugerimos y fijan límites no son solo reacciones; te recuerdan que eres digno y mereces salir del ciclo de la manipulación narcisista. Hacerlo no es solo alejarte del victimario sino, sobre todo, volver a casa.

CAPÍTULO 4
Relaciones utilitarias

Narcisista: —Tengo tu amistad y la aprecio mucho.

X: —Yo siento lo mismo.

Narcisista: —Dime, si aún sigues en contacto con el jefe de esa empresa de servicios para la que trabajaste antes, ¿podrías arreglar un encuentro informal con él?

X: —Por supuesto.

Narcisista: —Bien, estaba seguro de que me ibas a decir que sí. A propósito, ¿todavía puedes usar esos beneficios que te dieron en el club? ¿Qué tal si vamos el sábado?

X: —Lo miraré.

Narcisista: —Genial, siempre ayudas a tu amigo. Por eso te quiero.

"Eres mi amigo y te quiero mucho", dice el narcisista, pero el contenido real es "Tú me proporcionas estatus, recursos, contactos, favores y respaldo". Es decir, "Yo obtengo un beneficio de ti".

¿Has estado en un vínculo de amistad donde tu amigo y tú parecíais ser cercanos de verdad, pero con el tiempo te diste cuenta de que el otro solo te valoraba cuando le eras útil? Esta clase de relación está disfrazada de afecto, de compañerismo e, incluso, de fidelidad; pero, en el fondo, solo existe porque resulta conveniente. En dichos intercambios, la medida del cariño se encuentra en lo que uno da, y no en lo que uno es; mientras que la duración del sentimiento es igual a la capacidad de serle de utilidad al otro.

Mientras cumplas esta función utilitaria (serle útil), mantendrá el vínculo. El día que lo cuestiones o ya no le aportes nada a la relación, se acabará la amistad.

En cierta manera, haciendo una comparación, podemos decir que los narcisistas actúan como los tigres. Estos son animales solitarios que solo se relacionan con otros de su misma clase, de su misma estirpe: cuando les conviene. Se establece, así, una "relación utilitaria". A diferencia del león (un animal gregario), ellos solo te buscarán mientras les seas útil y puedan obtener de ti algún beneficio.

Para eso estás conmigo: para ayudarme cuando lo necesito.

¿Por qué? Porque, detrás del envoltorio afectivo "Somos pareja", "Somos amigos", "Te quiero mucho", en realidad, hay una instrumentalización donde el otro está cosificado. Es decir, que es un objeto para utilizar. Muchas veces, los narcisistas hacen alianzas narcisistas por conveniencia: se juntan para concretar un negocio, etc. De esta manera, establecen un pacto implícito de no agresión temporal con la otra parte, debido a que se utilizarán mutuamente; sin embargo, como ocurre con todo narcisista, habrá una competición implícita. No obstante, una vez logrado el objetivo o cuando la búsqueda de admiración o de poder se convierte en un obstáculo entre ellos, volverán a separarse.

¿Te expresó alguna vez sus típicas frases preferidas?

- "Sabes que puedes contar conmigo, mientras yo cuente contigo".
- "Eres de los pocos amigos que me quieren. No sé qué haría sin ti".

En boca del narcisista, esto significa "Te estoy usando; voy a usar tu dinero, tus contactos, tu saber, en pos de mis objetivos".

> *Al fin y al cabo, ¿para qué te tengo?*

¿Qué hacer con estos vínculos?

Fundamentalmente, entender con claridad que no se trata de una amistad genuina, sino de un intercambio utilitario o funcional. Esta separación de tareas nos permitirá no mezclar ni confundir los roles. Así, evitamos sentirnos heridos o atacados afectivamente. Esto también nos ayudará a tener claro para decidir qué recursos estamos dispuesto a compartir y cuáles no.

En el caso de que debas mantener un vínculo utilitario, pon límites claros. Este tipo de freno que le pones hará que este sea una cuestión de "Yo te doy a ti, y tú me das a mí", y que no esté enmascarado de falsas expresiones de afecto ya que, en realidad, no las hay. Esto desarmará la frase del narcisista "Yo te ayudé antes; ahora te toca a ti ayudarme" y brindará claridad para saber cuándo cortar el vínculo y cuándo mantenerlo, separándolo, así, de nuestra vulnerabilidad, de nuestra intimidad y de nuestros proyectos personales, que el otro puede utilizar para obtener un beneficio propio sin que nos demos cuenta.

Capítulo 5
Padres narcisistas

Mi madre solía vestirme con vestidos bonitos, incluso
aunque yo era más ruda por naturaleza. Pienso que ella sentía
que, cuando recibía cumplidos por mi apariencia, ella se veía
bien como reflejo de ello. Aumentaba su valor propio.

Anónimo[7]

¿Has sentido alguna vez que, independientemente de lo que hagas, siempre hay alguien observando y viendo en esto un reflejo tuyo? Como si todo lo que haces, cómo te ves y cómo te sientes les pertenece más a los demás que a ti mismo...

Esto es precisamente lo que sucede al crecer con un padre narcisista o con una madre narcisista. Al mencionarlo, no nos referimos a una persona "vanidosa", sino a alguien que necesita que todo el mundo, incluso su propia familia, gire en torno a él o a ella con el objetivo de sostener su autoestima. Por ende, sus hijos son una extensión simbólica y funcional suya. Esto implica que

---

7. Frases de https://www.psychologytoday.com/es/blog/10-senales-de-un-padre-narcisista

estos hijos no serán vistos como individuos con deseos propios, ya que no serán capaces de separar su historia personal de la de sus padres.

Estos padres precisan tener siempre la razón. Jamás aceptan que los corrijan en nada. Además, suelen cambiar las reglas según su estado de ánimo. Hoy pueden demandarte respeto total, y mañana pueden dejar que te rías de ellos sin problema alguno. Por otra parte, si no haces lo que ellos quieren, actuarán como víctimas y expresarán: "Yo di mi vida por ti", para tener nuevamente el control de tu vida.

> **Mientras vivas en esta casa, vas a hacer lo que yo diga.**

Asimismo, minimizan los logros ajenos. Si al otro le va bien, dirán que ya lo sabían o, incluso, sugerirán que "algo habrá hecho para obtener ayuda". De forma constante hacen dudar a sus hijos de su percepción con frases tales como "Eso no fue así", "Estás exagerando" o "Tú no entiendes nada". De esta manera, las necesidades ajenas quedan invisibilizadas, porque siempre hay algo más urgente o importante que lo que el otro siente. Y, cuando eligen el silencio, este no es una pausa constructiva, sino un castigo. No responden hasta que ese hijo se dé cuenta —o al menos así lo esperan— de lo que, según ellos, hizo mal.

Otras veces, utilizarán el halago a manera de trampa ("Eres tan inteligente", te dirán), pero inmediatamente agregarán: "Me duele que no me hagas caso". Recuerdan selectivamente lo que les conviene y hacen uso de la frase trampa: "Tú haz lo que quieras" pero, tarde o temprano, llegará el castigo encubierto.

Veamos ciertas frases típicas de estos padres (observa si te identificas con alguna):

- "Si te va mal, no digas que no te avisé".
- "Tú no sabes lo que es la vida".
- "Claro… Todo es culpa mía, como siempre".
- "No me puedes hacer esto a mí".

Con estas frases refuerzan la sensación de culpa y de vergüenza.

"Las respuestas favoritas de mi padre a mis puntos de vista eran: 'Bueno…, en realidad…, y hay mucho más que eso…'. Siempre tenía que sentirse como si supiera más"[8]. ¿Te ha pasado que, cada vez que intentabas dar tu opinión en tu casa, tu padre o tu madre respondía con un "Bueno…" o un "En realidad…", seguido de un "… y hay mucho más que eso…"? *"De nada servía que me preparara bien o que fuera claro al hablar, siempre intentaba demostrarme que sabía más que yo"*.

Por lo general, uno cree que se trata de una charla inocente, pero luego se da cuenta de que ese padre o esa madre narcisista no tiene la intención de debatir ni de en-

---

8. Anónimo.

señar algo, sino que busca que su hijo sienta que nada de lo que hace es suficiente, y que sus ideas no tienen valor. Y esta actitud agota porque, poco a poco, ese hijo empieza a dudar de sí mismo y a buscar validación en todo.

Ahora bien, este tipo de crianza a largo plazo tendrá sus consecuencias. Procurar que el otro nos valide todo el tiempo puede conducir a acciones exageradas para recibir su atención, mientras que, cuando no se recibe la debida atención, la persona puede presentar un comportamiento inadecuado debido a emociones reprimidas. Estas dinámicas suelen mantenerse a lo largo de la vida y acaban por afectar a la manera en la que la persona se vincula consigo misma y con otros.

Un hijo criado en este ambiente crecerá con la creencia de que está en deuda permanente con sus progenitores, ya que compartirá el techo con una madre y padre que le exigirán que les devuelva, de algún modo, todo aquello que le dan. Es decir, el mensaje que recibe constantemente es "Quiero que seas feliz…, pero haz lo que yo digo".

El padre narcisista utilizará siempre la manipulación emocional para hacer sentir mal a sus hijos de cosas que no hicieron. No los puede registrar como sujetos con deseos propios, como personas distintas; por ende, no les permitirá ser autónomos o independientes. Cualquier rasgo o actitud de independencia que el otro demuestre lo vivirá como un acto agresivo. De este modo, se desarrolla una contradicción moral que no permite que el individuo (en este caso, su hijo) tenga su propio deseo.

Cuando yo tenía tu edad, ya hacía mucho más que tú.

La psique de ese hijo no encontrará la manera de poder expresarse, pues cualquier atisbo de expresión emocional o mental será anulado o interrumpido. Por otra parte, a menudo, será manipulado a nivel emocional. Si se atreve a pedir algo, inmediatamente se le hará sentir culpa: "¿Cómo puedes pedir algo así?". ¿Has escuchado esta frase alguna vez cuando eras chico? En dicho marco, los padres jamás admiten el daño que son capaces de provocar, pues siempre se defienden con frases como "Lo estamos educando". Si alguna vez se lo anima al menor a ser independiente, será solo en apariencia, ya que no se le permitirá nunca rebelarse contra la autoridad adulta.

Alice Miller, autora del libro *El drama del niño dotado,* explica: "A muchos niños no se los ama por lo que son, sino por sus logros y por su buen comportamiento. Se los admira por lo que consiguen, pero no se los acepta por lo que sienten. Para ser amados, deben renunciar a su verdadero yo y convertirse en lo que sus padres necesitan que sean".

"Los padres no tienen que ser abiertamente crueles para causar daño. La negación sutil del yo verdadero es suficiente para mutilar la identidad emocional de un niño"[9].

---

9. Miller, A. (1979). *El drama del niño dotado.* Basic Books.

Con el tiempo, ese hijo, ya joven o adulto, sufrirá baja autoestima que encubrirá a través del éxito o del perfeccionismo. Al mismo tiempo, le será difícil registrar sus propias emociones. Probablemente, no será capaz de darse el permiso de fallar. ¿Te permites fallar de vez en cuando, o sientes que todo tienes que hacerlo perfecto? Por lo general, un hijo de padres narcisistas vivirá sus futuras relaciones entre el amor y el control, repitiendo la misma clase de vínculos (en la pareja, con el jefe, etc.).

> *El día que seas alguien de verdad, te voy a respetar.*

Hablamos de un niño que, de adulto, vivirá con culpa por sentirse distinto. Una persona con padres narcisistas sufre, en la infancia, un peso emocional desmedido. Se siente culpable por ser distinto, por tener ideas que lo diferencian de su familia. Lejos de sentirse seguro, se siente en deuda por la felicidad de los adultos, teniendo que ser un apoyo emocional de aquellos de los que se supone que tienen que cuidarlo. Así, para evitarse problemas, se acostumbra a no desear nada.

Ahora te pregunto: ¿te atreves a desear cosas? Con los años, este comportamiento se transforma en inconsciente. Y, de esta manera, todo el tiempo lleva en su interior una voz que lo censura, lo juzga y lo descalifica, tal como ocurría en la infancia.

> *Mira a tu hermano/primo; él sí me enorgullece.*

Al mismo tiempo, podrá desarrollar la hipervigilancia, que consiste en estar permanentemente atento al entorno y en anticipar las respuestas, a fin de sentirse protegido. Rara vez disfruta de una vida plena, dado que su objetivo principal consiste en sobrevivir un día más, en lugar de vivir plenamente.

Resumiendo, veamos las características de este tipo de padres (fíjate si alguna te resulta familiar):

1. Siempre necesitan tener razón, jamás admiten: "Me equivoqué", "Te traté mal". Aun en temas menores, pelean y discuten.
2. De acuerdo con su humor, establecen las reglas. Un día están bien y se burlan; otro día están mal y exigen respeto.
3. Se victimizan cuando no los obedecen.
4. Raramente piden perdón.
5. Minimizan los logros ajenos: "Te ayudaron", "Eso te salió bien de suerte".
6. Niegan, hacen *gaslighting* también con los hijos: "Yo no te dije eso", "Estás exagerando".
7. Su arma principal es el silencio pasivo-agresivo o castigador. No hablarán hasta que el hijo pida disculpas.

Por todo esto podemos concluir que vivir en un ambiente con estas condiciones generará los siguientes tipos de hijo:

- **El hijo dorado**: es el hijo ideal de sus padres, sobre quien recaen la sobreexigencia y la admiración (siempre y cuando sea obediente) por ellos.

- **El chivo expiatorio**: es de quien proviene todo lo negativo; por eso recaen sobre él todas las emociones del clan.

- **El hijo invisible**: es el que se acomoda a los demás y nunca molesta para no provocar problemas, pero tampoco es tenido en cuenta.

- **El hijo parentalizado**: es el que ocupa el lugar de sus padres a nivel emocional.

- **El hijo rebelde:** es el que, como no tolera el maltrato de sus padres, se separa de ellos a temprana edad; por lo general, luego tiene que lidiar con el sentimiento de culpa.

¿Te sientes identificado con alguna de las descripciones anteriores?

La madre narcisista

Ahora bien, una madre con rasgos narcisistas actúa exactamente igual que la versión masculina, pero hará uso especialmente del rol de víctima y de la gestión de la culpa. Les dirá a sus hijos: "Yo lo hice todo por ti; no sabes lo que viví"; mientras que el padre, en general, utiliza más la humillación, el tono de autoridad y la moral.

Una frase típica de ella es la siguiente: "Cuando yo tenía tu edad" o "A mí nadie me regaló nada". La crianza se basa en la construcción de deudas. El hijo está en deuda con esa madre y debe devolver todo lo que ella le dio, aun cuando no se lo haya pedido.

> **Con el dinero que gasté en ti, podría haberme comprado una casa.**

> **¿Sabes cuánto sacrificio hice para que pudieras estudiar?**

El lenguaje corporal de los padres narcisistas

Ojos entrecerrados en actitud de juicio, expresiones faciales de malestar cuando el hijo habla, risa sarcástica, brazos y pies cruzados, mandíbula tensionada, aplausos lentos y condescendientes en forma de humillación, cambios de tono bruscos para generar inseguridad. ¿Te resulta familiar esta descripción?

¿Cuál es el enganche de estos hijos?

¿Qué les ocurre a los padres narcisistas cuando llegan a la vejez? Por mucho que lo intenten, ya no les es posible seguir controlando externamente a sus hijos que ya son adultos. Entonces, el control ocurre en un nivel puramente emocional. Por ejemplo, manipulan con el tema de la salud y expresan frases tales como "Tú me vas a mandar a la tumba a mí". Se trata de una especie de extorsión afectiva. A menudo, hacen referencia al "sacrificio realizado" y acaban por ser las "víctimas inocentes" de sus hijos. Así, refuerzan la creencia de que ellos fueron los únicos dadores, pero nunca recibieron nada como retribución.

> Yo dejé mis sueños por ti, y mira cómo me pagas.

Es precisamente aquí donde los roles son intercambiados, puesto que estos padres desean que sus hijos los apoyen tanto emocional como financieramente, y que estén a su entera disposición. Algunos, incluso, suelen mostrar mucha más rigidez que antes y son incapaces de aceptar un cambio en el funcionamiento de la familia, dado que esto escapa de su control. Jamás dan las gracias por lo que sus hijos hacen por ellos, ya que creen que es su obligación ayudarlos y algo que se ganaron, lejos de ser algo que surge naturalmente por amor.

¿Cómo viven los hijos de padres narcisistas?

¿Has sentido en alguna ocasión mientras crecías que, en lugar de recibir el cuidado de tus padres, tú debías cuidar de ellos; que, para tener paz, debías evitar que se enfadaran o se sintieran mal, y callar tus necesidades?

Los hijos de padres narcisistas, fundamentalmente

viven ahogados por la culpa de las cosas que no hicieron. Una persona criada dentro de este ambiente sentirá que debe cuidar al adulto, en lugar de ser cuidada por este; es así como termina cediendo constantemente a sus deseos y a sus exigencias, para evitar el conflicto (del cual casi siempre sale perdiendo).

Ten en cuenta que siempre seremos hijos de nuestros padres. Entonces, frente a esa realidad, ¿qué podemos hacer? Muchas cosas. Veamos...

En primer lugar, debemos separar nuestra propia historia de la de nuestros padres. ¡No somos ellos! Fijar ese límite nos pertenece. Es nuestra vida, y no deberíamos vivirla con culpa.

Segundo, ponerle un nombre a todo lo vivido. Esto significa que no lo minimizamos. Decir que uno de los padres es narcisista no es atacar, sino entender la estructura dentro de la cual uno vivió.

Tercero, procurar movernos en entornos donde no seamos manipulados y seamos nosotros mismos.

Cuarto, practicar hablar con determinación. Evitar utilizar frases protectoras como, por ejemplo, "Todos los padres son así", y comenzar a poner en palabras, con la mayor claridad, los límites:

- "Te escucho, pero necesito decidir esto por mí".
- "Sé que piensas diferente y lo respeto, pero yo lo veo así".

- "No me hace bien que me hables así; necesito cortar esta conversación por ahora".
- "No te lo estoy contando para que lo apruebes, sino porque quería compartirlo".

Quinto, intentar mirar con ojos nuevos, como los adultos que hoy somos, lo que nos fue vedado de niños.

Y, por último, aceptar que vivimos momentos malos y otros buenos, pero nada invalida el daño al cual fuimos sometidos desde pequeños, una y otra vez, con tantas afrentas.

No obstante, es importante saber que allí no termina todo. Es preciso estar listo porque, en cualquier momento, vendrá el contraataque. ¡Un padre narcisista no se da por vencido! Cuando su hijo establece un límite, no lo ve como una manifestación de madurez emocional, sino como una traición. En vez de percibirlo como algo saludable, lo percibe como violencia, deslealtad o desagrado. Por lo tanto, hará explícito su enfado y pasará rápidamente de ser verdugo a víctima, intentando hacer sentir culpable a su hijo, con el objetivo de desestabilizarlo emocionalmente. ¿Has percibido alguna vez a tus padres como víctimas que procuraban hacerte sentir culpable?

Todo lo que tienes es gracias a mí; nunca lo olvides.

Otra reacción típica de un padre narcisista es el silencio desmedido: dejar de hablar a modo de castigo para generar una tensión que termina hiriendo a todos. Y, cuando le sea posible, realizará el ataque mayor: la desacreditación pública. Relatará su versión de los sucesos a terceros para mantener su reputación externa y para que parezca que está sufriendo por "todo lo que ese hijo le hace". Su único objetivo consiste en recuperar el control. A veces, lo hará con expresiones amorosas falsas; a veces, con nuevas culpas; y, otras veces, con frases que lo hieran (como "A ti te preocupa más tu comodidad que la de tu familia"), tratando de generar deudas de amor, las cuales nunca podrán ser canceladas.

> *Tuve que soportar a tu padre/madre por tu culpa.*

A lo largo de los años, en consulta, muchas personas me han comentado que se sentían profundamente egoístas por desear algo, lo cual es normal y natural para todo el mundo. Los padres narcisistas, permanentemente, en el diálogo con sus hijos adultos, traen deudas del pasado para recordarles que estas todavía no están saldadas, y deben obedecerlos.

Conversaciones con padres narcisistas

Te invito a considerar, a continuación, distintas situaciones y a detenerte a pensar si te ha tocado vivir en alguno de estos escenarios… Y te pregunto: después de leer este capítulo, ¿cómo reaccionarías?

Si un padre narcisista expresa: "No sabes nada de la vida", está utilizando una estrategia emocional para lograr descalificar la opinión de su hijo debido a la diferencia de edad entre ambos. Una forma saludable de reaccionar ante este tipo de comentarios puede ser "Probablemente, me falte mucho por conocer, pero eso no significa que no pueda tener una opinión propia". De esta manera, ese hijo acepta que todavía tiene que seguir creciendo pero, aun así, puede tener sus propias ideas y opiniones, que también son importantes. Y, además, está cuidando su autoestima y su libertad de expresión.

Si un padre narcisista le dice a su hijo: "Hice todo por ti y por tus hermanos desde que nacisteis, y así me lo agradeces", está transformando la educación —la cual es una obligación normal de los progenitores— en una deuda imposible de saldar. ¿Cómo debería responder ese hijo frente a estos dichos? Diciendo: "Estoy agradecido por todo lo que hiciste por mí, pero mis comportamientos como adulto no tienen la intención ni de atacarte ni de pagarte". De este modo está reconociendo todo lo bueno que sus padres se esforzaron en darle pero, al mismo tiempo, conservando su independencia y no haciéndose cargo de la culpa que el otro pretende transmitirle.

Que un padre narcisista le diga a su hijo: "No te quejes si haces lo que quieres y te va mal" es, en realidad, una amenaza velada y un pronóstico de fracaso. Una manera asertiva de responder es "Sí, me puede ir mal, pero quiero vivir esto a mi manera y me voy a arriesgar". Al hacerlo, acepta la posibilidad de un futuro negativo, pero deja claro que tiene derecho a experimentar sus propios procesos y a aprender de estos sin aceptar la profecía negativa que están anunciando.

¿Qué estrategias pueden usarse en estos casos?

- No explicar excesivamente. Las explicaciones largas refuerzan la manipulación.
- Conversar desde uno mismo: "Yo requiero", "Yo experimento", "Yo opto".
- Interrumpir: "Lo discutimos otro día", "Ahora no es el momento adecuado".
- No hacer caso a todo. No todas las batallas merecen ser peleadas, sino solo aquellas que tienen botín.
- No esperar que comprendan todo. Cuidar la salud emocional.
- Entrenar respuestas previamente establecidas. Estudiar frases previas para evitar la improvisación.

Ten en cuenta que es muy importante ser claro en la puesta de límites, y que esto se debe hacer sin culpa.

El límite no es una agresión, sino el hecho de colocarse uno en primer lugar para cuidarse. Pero es fundamental actuar con calma, y no cuando la persona esté por estallar. Uno puede amar al otro sin tener que someterse. Amor no implica renunciar a uno mismo. Es posible decir que no sin explicarlo todo. Un simple "Esto no me hace bien" es suficiente.

Un hijo de padres narcisistas, por lo general, puede adoptar estas dos actitudes: someterse por completo o rechazarlos por completo. Quedan, así, esclavizados a una dinámica emocional de la que no logran escapar. No obstante, su libertad empieza cuando logra confiar en su propia sabiduría interna. Para ello tiene que soltar su necesidad de ser validado, pues no todo sentimiento, pensamiento o decisión deben ser aprobados por alguien que lo amó condicionalmente.

> Madre: "Eso nunca pasó: te lo estás inventando".
> Hijo: "Podemos verlo distinto, pero sé lo que viví".

Es tiempo de que estos hijos refuten las ideas que les han transmitido. Por ejemplo:

- "Jamás me desilusiones".
- "Tienes que compensarme por lo que haces mal".
- "Tu valor depende de tu desempeño".

¿Te resuena alguna?

Te comparto una técnica para soltar creencias negativas, repetidas hasta el cansancio: **escríbelas**, aunque
sientas que no son parte de ti. También es importante
preguntarte sinceramente qué sucedería si ya no bus-
caras satisfacer las expectativas ajenas. Y luego realizar
un "duelo simbólico" por el papel que estabas obligado a cumplir: ser un hijo parentalizado, desdibujado o
bueno por obligación. Recuerda: todo niño tiene derecho a decidir quién desea ser de grande, sin culpa ni
temor.

¿Cómo sanar este tipo de vínculos?

Como hemos visto hasta aquí, el hijo de padres narcisistas crecerá con confusión afectiva, con ambivalencia
entre el amor y el control, con dificultad para expresar
sus propias emociones y, en ocasiones, las de los demás,
ya que no puede separar su propia historia de la de sus
padres. Por ende, deberá hacer un trabajo interior para
sanar sus heridas y seguir ciertas pautas (si no puede
hacerlo solo, debe buscar ayuda terapéutica).

Por su parte, los padres, con respecto a los hijos, deben:

- Validar sus emociones sin querer corregirlas. No
  hace falta que piensen como tú.
- Permitirles expresar sus diferencias. Aunque no

nos guste, ellos tienen derecho a tener otro carácter.

- Reconocer los errores y pedir perdón. No justifi-
carlos, sino solo asumirlos.

- No usar la propia historia como arma. No cargar-
los con nuestro sufrimiento.

- Permitir que sean ellos quienes nos admiren (si
así lo sienten), sin exigencias.

- Revisar el tono con ellos. ¿Estamos escuchando o
imponiendo?

Si has crecido en un ámbito de manipulación emocional por parte de tus padres, necesitas formar una
red de contención sana, lo cual constituye un acto de
reparación profunda. Procura relacionarte con personas con las que no sea necesario compartir tu historia
de vida para que te quieran. Es decir, que te acepten
tal como eres sin que debas ganarte su atención. Ro-
déate de aquellos que te presten sus oídos sin juicio ni
interrupciones ni consejos no solicitados.

Además, evita confundir amor con control. Que
una persona te ofrezca su compañía no implica que se
preocupe por tu bienestar. Dicha presencia puede sig-
nificar una invasión o condición para obtener algo de
ti. Por esta razón, date permiso para construir vínculos que sean una fuente de afecto sincero, aunque no
sean familia de sangre, y que incluyan respeto, libertad

y afinidad. Las relaciones ba-
sadas en la confianza mutua,
sin imposiciones de ningún
tipo, son fundamentales para
la sanación total.

> *Acepto tus reglas en tu espacio, pero yo elijo qué hacer con mi vida.*

Sin duda, nuestras relaciones interpersonales pueden ser muy complejas. Para disfrutar de vínculos saludables que saquen lo mejor de nosotros, necesitamos
descubrir que somos personas distintas. Es decir, "yo
soy yo y tú eres tú". Nadie está en este mundo para satisfacer las expectativas de otros, ya sea que se trate de
padres, hijos, parejas o jefes.

Entender esto es fundamental para tener una autoestima sana y un amor propio equilibrado que nos permita funcionar, solos y en compañía, con libertad y con
salud emocional.

¿Qué se debe hacer con los padres narcisistas?

Si eres el hijo adulto de padres narcisistas, no intentes
convencerlos de que cambien. Ten presente que nadie
puede cambiar a nadie. Tampoco les compartas tus vulnerabilidades, pues podrían usarlas en tu contra. Perdó-
nalos por el daño recibido (no
esperes justicia emocional),
ya que es la mejor manera de

> *Me puse enfermo de tanto preocuparme por ti.*

que encuentres paz. Y, por último, no entres en la lógica de "¿Quién tiene razón?" ni hagas uso de sus mismas armas: el sarcasmo, la ironía, el silencio, etc.

Es importante que aprendas a parar en tiempo real y, sobre todo, que medites acerca de qué es lo que está sucediendo, dado que todos tenemos derecho a crecer, a decidir y a equivocarnos. Algunos padres se suavizan un poco al envejecer, pero no pierden sus mañas.

Analiza qué cosas debes corregir verdaderamente y cuáles son culpas falsas o neuróticas, pues la imagen parental internalizada, muchas veces, se convierte en la voz de la conciencia que nos castiga y nos descalifica; también, esa voz de papá o de mamá puede proyectarse en los demás, por lo cual comienzas a sentir que son otros quienes viven descalificándote, burlándose, etc. Es fundamental que te pares siempre en el eje central de ti mismo: qué deseas. Esto te permitirá tomar decisiones y seguir creciendo, porque de esto se trata la vida.

Capítulo 6
Hijos narcisistas

"¡A ti no te interesa mi vida!", exclamó tu hijo mientras discutían. Aunque tratabas de hacerle entender que no era posible satisfacer su requisito en ese instante, no pudiste dialogar con él. "¡Eres como todos los que me hacen daño!", gritó a continuación, con una mezcla de ira y sufrimiento que lastimaba.

Tal vez, has vivido una situación similar a esta: tu hijo se niega a entender tus razones y nada de lo que le digas o hagas por él ayuda, porque cree —o pretende hacerte creer— que no eres un buen padre o una buena madre. Y, de pronto, te ves asumiendo un sentimiento de culpa que no es tuyo.

Necesitamos saber que un hijo narcisista no será capaz de distinguir los límites en el mundo emocional de aquellos que lo rodean, llámense padres, abuelos o hermanos, ya que siempre se sentirá el centro de todo. Sus armas más comunes son culpabilizar al otro o rechazarlo, con el fin de controlarlo. Por lo general, no es consciente de —y no le interesa en absoluto— cuánto hiere a su propia familia. Asimismo, tiene dificultades para soportar la frustración y, pese a que sus demandas son complacidas, nunca da las gracias. ¿Qué es lo que realmente busca? En el fondo, necesita ser aprobado por los demás, sobre todo por sus padres, ya que tiene la creencia de que todos están en deuda con él.

> *Mamá, papá..., todos los días es mi cumpleaños.*

Te propongo observar, a continuación, algunas señales que permiten darse cuenta de si el narcisismo se está acentuando.

¿Sueles culpar a otros cuando las cosas no salen como esperabas? ¿Haces uso del mundo emocional del otro para obtener lo que deseas? Probablemente, no te des cuenta de lo que produce tu comportamiento en los demás. Y, si no ocurre aquello que tú quieres, te abrumas por un sentimiento de frustración. Quizás, también te resulte difícil que otra persona hable mal de ti o te cuestione. Podría suceder que, en ocasiones, actúes sin pensar en los demás, sin sentirte culpable por ello.

Si es así, estos son rasgos "sobresalientes" de un hijo narcisista. Pero veamos cómo se manifiestan a través de su crecimiento.

> *¿Qué parte de "yo" no habéis entendido?*

Rasgos según la edad

En niños pequeños, suelen apreciarse una necesidad de que todo sea como ellos quieren (acompañada de berrinches para controlar) y una marcada ignorancia de las emociones ajenas.

En la adolescencia, es común que se burlen de aquellos a quienes no admiran, que mientan para sostener su imagen y que traten mal a otros sin remordimiento.

En la etapa de jóvenes adultos, si bien exigen soporte, rechazan la ayuda que puedan recibir, no suelen hacerse cargo de sus errores y pueden castigar con frialdad si se les fija un límite.

> *En mi casa no hay herencia: hay trono.*

Algunas de las expresiones más comunes que emplean los hijos narcisistas son "No entendéis nada", "Yo no pedí nacer", "Todo lo que soy lo logré por mí", "No sé para qué tengo familia si nadie me apoya", "Tú nunca hiciste nada bien" y "Lo mínimo que puedes hacer es apoyarme".

¿Alguna vez salió de tu boca alguna de estas frases? ¿Formaron parte estos dichos de tu infancia o de la relación que tenías con tus padres? ¿En qué momentos solías mencionarlos? Frente a tal manipulación, por lo general, con el tiempo, los padres suelen sentirse culpables y agotados. Caminan en puntas de pie, intentando complacerlos para evitar conflictos. Asimismo, se sienten emocionalmente chantajeados y, muchas veces, se quedan sin palabras, atónitos, ante el desprecio de su hijo.

Ahora bien, ¿son iguales todos los hijos narcisistas? ¿Acaso siguen todos un mismo patrón? Veamos.

> *Si el mundo gira, que sea a mi alrededor.*

Tipos de hijos narcisistas

El que se cree mayor

Este hijo narcisista, que se muestra tal como es de manera explícita, grita y humilla al otro en un intento por dominar y controlar la situación. No tolera ser criticado.

Algunas de sus frases más comunes son "Yo soy el que sabe" o "Todo lo que tú dices es una tontería".

> *Si no se trata de mí, ¿por qué seguimos hablando?*

El que se siente vulnerable

El hijo narcisista que se siente frágil, de manera encubierta, se coloca en el lugar de víctima. Lo que está haciendo es manipular a los demás a través del sufrimiento. A menudo se mostrará triste para que sus padres no lo limiten, expresando frases como "Yo soy un inútil porque nunca me quisisteis" o "No me hacéis sentir importante".

Ten en cuenta que las conductas de un hijo narcisista afectan a la vida de todo su entorno familiar, incluso la de sus hermanos, debido a que el otro pasará a hacerse invisible, ya que siempre estará por detrás de él en importancia. O, quizá, será quien asuma las culpas de las que este hermano nunca se hará cargo; será un chivo expiatorio o se convertirá en un hermano resentido por no tener igual trato. En algunos casos, intentará salvar o resguardar a sus padres.

Hijo único... aunque tenga tres hermanos.

Debes saber —como padre— que, si no se fijan límites sanos, se alimentará la creencia de que el resto de la familia solo está para contentar a ese hijo narcisista. De esta manera, este ejerce el control sin hacerse cargo de las consecuencias de sus actos. Además, la relación carece totalmente de simetría, lo cual da lugar a un patrón vincular distorsionado. Entonces, aunque el narcisista se convierta en adulto, a nivel emocional, seguirá siendo un niño carente de empatía que jamás mostrará respeto por los demás.

¿Es posible que un hijo narcisista mejore su conducta?

Será posible cuando, como padres, podamos fijarle límites y mantenerlos en el tiempo. Algunas frases útiles que podemos decirles son "No voy a permitir que me hables así", "No estoy para eso ahora" y "Esto lo tendrás que resolver tú". También ayuda decir: "Te quiero, pero eso no significa que todo esté permitido", "La conversación termina si no hay respeto" y "No te debo explicaciones por todo". A su vez, será posible siempre y cuando pueda construir un mundo emocional maduro y sea consciente de las consecuencias de sus actos. Podremos ver cambios cuando, al atravesar un momento de crisis, sus actos le demuestren que, la mayoría de las veces, su manera de relacionarse termina hiriendo al otro.

Si, por el contrario, sigue recibiendo premios a pesar de su conducta manipuladora, y la gente que está a su alrededor hace todo lo posible para que no se enfade ni se entristezca, será muy difícil que deje de ser el centro de todo y de todos quienes lo rodean. Al respecto, la psicóloga infantil Úrsula Perona expresa: "Caer en el exceso y trasladarles ideas de grandiosidad que les hagan creer que son mejores que los demás puede convertirlos en niños narcisistas"[10].

---

10. https://saposyprincesas.elmundo.es/crianza/senales-ninos-narcisistas

¿Qué hacer?

El primer paso que debes dar como padre de un hijo narcisista es darte cuenta del trato recibido y fijarle límites con firmeza, pero sin levantar la voz. No es necesario que le des demasiadas explicaciones. Algo fundamental es que recuperes tu vida personal y busques ayuda profesional con el fin de mantener tu postura, pero sin bloquear las emociones, decidiendo qué permitir y qué no. En toda relación, se puede (y se debe) dar amor verdadero con límites sanos. Aunque te sientas mal por toda esta situación, nunca permitas que tu hijo te maltrate.

Recuerda que, para manipular a los padres y conseguir quebrar los límites, el hijo narcisista suele decir palabras hirientes tales como

> **Mis padres me criaron como a un rey..., pero olvidaron el reino.**

"Yo a ti no te importo", o "Eres igual que todos los que me hacen daño". ¿Qué deberías hacer ante ello? Lo ideal es responderle: "Sí, me importas, y mucho. Pero no voy a ceder, porque nos hace mal a los dos".

Aunque, como padre, el deseo de tu corazón sea verlo transformado, deja de hacerlo el centro de tu vida y comienza a vivir también la tuya. Porque establecer límites es una manera de amar al otro y cuidarse uno mismo. Es muy importante que te relaciones nuevamente con tus otros hijos y que vuelvas a tener actividades y lugares propios. Dedícate a ti, a tus cosas, y no te sientas

> **Si no me aplaudís, me voy.**

mal por ello. Ese hijo no debe ser el centro de tu vida.

Estas son algunas frases útiles para distanciarse de manera sana:

- "Esto es para mí; tú no participas de ello".
- "No necesito que me des tu opinión sobre lo que hago".
- "No me gusta que me hables así".
- "Si necesitas algo de mí, tienes que pedirlo con respeto".
- "Discúlpame si no he sido claro antes al hablar".

No olvides que no tienes obligación de justificarte por lo que decides y haces cuando la otra parte no reconoce tu individualidad.

Que admitas lo que está sucediendo no implica que te des por vencido. Más bien, es elegir no mentir más para ser capaz de actuar con inteligencia. Nunca le restes importancia a la situación pensando que "pronto pasará", sobre todo si los problemas son permanentes. Tampoco justifiques a tu hijo por algún trauma del pasado; aunque sea útil para ponerte en su lugar, no es bueno sentir lástima. Evita caer en la trampa de pensar que es una persona "con

> **No es que quiera atención...,
> es que la merezco.**

mucha sensibilidad" cuando, en realidad, se está hiriendo a sí mismo y a los demás.

Por otra parte, no puedes (ni debes) justificar su comportamiento, ni tampoco intentar razonar durante un ataque, perder tu propia identidad ni competir con él por demostrar quién tiene el poder. Lo más saludable con un hijo de estas características es recuperar la posición de padre. No eres su par ni su psicólogo ni su colaborador. Eres su referente. Es decir, una persona adulta, segura y accesible, pero siempre en una relación de cuidado y respeto.

Por ende, como adulto, necesitarás trabajar en tu propia autoestima sin olvidarte de tu identidad y de tu función parental. Además, necesitarás contar con lugares donde liberar lo que sientes con apoyo externo, fortalecer la relación con tus otros hijos, procurarte tiempos de silencio para recargarte de energía y ser capaz de decir que no con amor. Debes aprender a brindarles un nuevo tipo de amor. No se trata de no hablar para lograr la paz, sino de no estar a disposición del otro 24/7.

Quien ama de verdad en su papel de padre no se sacrifica por sus hijos, sino que se dedica a su labor con organización y, sobre todo, con límites bien definidos.

Cuando le dices que no a tu hijo, lo estás amando. Educar no es sinónimo de soportar: es brindar estructura, estar presente y proveer conciencia.

Te quiero; esto no significa que todo lo que hagas esté bien.

En todo vínculo familiar, hay consecuencias que provienen de nuestro comportamiento. Si, al conversar, tu hijo levanta la voz, termina la conversación. Cuando te demande algo violentamente, no le respondas. Cuando te manipule haciéndose la víctima, no lo consueles. Si no hay respeto de su parte, no habrá intercambio; necesita entender las consecuencias, que no son otra cosa que límites de sus actos. Todos estos son fundamentos para lograr cumplir con esta desafiante tarea de la mejor manera posible. Y ten en cuenta lo siguiente:

- Eres valioso como padre, aunque él nunca lo reconozca.
- Puedes ejercer autoridad sin levantar la voz ni discutir.
- Cuidar de ti mismo es un actor de amor.
- El amor puede ser sano y sin ataduras.

Entonces, recuerda: la vida de la familia no debe girar en torno a las emociones fluctuantes y la necesidad de validación de ese hijo. Las rutinas diarias deben armarse sin importar cómo esté. El amor tiene que equilibrarse entre todos los miembros, sin permitir que la intensidad de ese hijo narcisista afecte a los demás.

CAPÍTULO 7
Mi pareja es narcisista

"¡Qué exagerada eres siempre!", exclamó él, sin quitar los ojos del móvil. "Es culpa tuya que yo esté enfadado, porque jamás entiendes una palabra de lo que hablamos". Ella no respondió. Otra vez sentía que la situación giraba alrededor de su pareja.

¿Has tenido una discusión de este tipo, donde el otro manipula tus palabras para que pienses que tú eres el problema? Probablemente, sí...

Estar en pareja con una persona con rasgos narcisistas implica estar con alguien egocéntrico, razón por la cual no puede entender que el otro necesita, desea u opina de forma distinta. Ahora bien, si te animas a confrontarla, ten en cuenta que jamás reconocerá sus hechos ni se mostrará empática por tu sufrimiento; muy por el contrario, se colocará en el lugar de víctima. Su objetivo es claro: manipular la situación para que tú seas el responsable de aquello de lo que se la acusa.

Una persona narcisista no es simplemente alguien que "se ama mucho a sí mismo", como suele creerse. En realidad, se trata de aquel que precisa ejercer el control sobre el otro y de la manera en la que ese otro lo ve.

"En el contexto de la pareja, un narcisista presenta comportamientos que buscan reafirmar su sentido de importancia, recurriendo a la manipulación y el control. Según Miller y Campbell (2008), el narcisista utiliza la relación como un espejo que refleje constantemente su valía, ignorando las necesidades y emociones de su pareja"[11]. Por eso podemos decir que, en esta clase de vínculo, alguien con estas características no te considera como su igual; ni siquiera te considerará su amigo o su compañero ya que, simplemente, percibe el amor como una estrategia para mantener el poder.

> *Eres tú quien no me entiende y me hace quedar mal.*

¿Y cómo te darás cuenta de que tu pareja es narcisista? Porque necesita ser el centro de atención todo el tiempo, lo cual quedará en evidencia cuando desees compartirle lo que te sucede o cuando pretendas contarle un logro o un motivo de felicidad. ¡Procurará llamar la atención! En el fondo, teme ser excluido, y percibe el éxito ajeno como una amenaza a su persona. Por otra parte, lo reconocerás al percatarte de que es incapaz de aceptar que ha cometido un error.

---

11. https://www.therapyside.com/post-es/narcisista-pareja-como-detectarlo

El problema de esta persona no es su "mal temperamento", sino una estructura

No soy yo el problema: eres tú con tus inseguridades.

psíquica que lo lleva a controlar, acusar y negar al otro. Con este tipo de actitudes, no es posible disfrutar de un verdadero vínculo emocional, lo cual, indudablemente, te conducirá al agotamiento. Ahora bien, si por tu mente pasa el querer mejorar la relación o cambiar al narcisista, ¡ni lo sueñes! Lo ideal es hacer todo lo posible por no perderse a uno mismo en un vínculo totalmente tóxico, el cual te hará sentir confundido todo el tiempo. Pues, muy probablemente, con el tiempo, presentarás alguno de estos síntomas (¡o todos!): tendrás confusión constante, dudarás de ti en todo, esconderás aspectos de tu vida, sentirás miedo de expresar lo que piensas, tendrás culpa cada vez que le pongas límites, siempre pedirás disculpas, tus amigos notarán un cambio en ti y ya no sentirás alegría genuina. Y, finalmente, el narcisista te dirá: "Aquí vamos otra vez con tu show".

El lenguaje corporal del narcisista en la pareja

Te invito ahora a observar cómo se gestiona este tipo de persona en situaciones concretas.

Cuando discute, el narcisista se inclina hacia atrás con los brazos en cruz, sonríe burlonamente si tú te emocionas, levanta la cabeza y te pregunta: "¿Ya está?". Si vais caminando por la calle, adelantará el paso o se quedará apoyado contra la pared escuchándote. Otro posible comportamiento es el famoso "castigo de silencio" cuando tú te quejes por algo o le pidas algo. Pero esto no queda aquí, sino que le sumará una sonrisa de desprecio, todo lo cual es un medio para ejercer dominio sobre tu vida. No obstante, tanto la mirada del narcisista como su risa —que expresan desdén— son, en el fondo, herramientas para castigarte en silencio, sobre todo después de una discusión o de un pase de factura. También puede hacer uso de estas cuando experimentas un desborde emocional. Suelen ir acompañadas de frases irónicas como "¿Crees que con esto me vas a conmover?". ¿Qué busca con esta actitud? Arrinconarte emocionalmente y dominar la escena.

¿En serio te afecta esto? ¡Qué patético!

La monopolización en la conversación de una pareja narcisista

¿Cómo dialoga el narcisista con su pareja? Imagina estos posibles escenarios... y luego piensa si has tenido que vivir o atravesar alguna situación similar a estas.

Ella está contando algo que sucedió en el trabajo. Inmediatamente, él la interrumpe y expresa: "A mí me pasó algo peor" o "Yo sé lo que tú me estás diciendo, pero escucha esto...". O ella le cuenta que corrió diez kilómetros. Entonces, él le dirá: "Ah, ¿ahora? Yo corro esa distancia todos los días". De esta manera, el otro queda invisibilizado. Habla largo, desvía el tema, interrumpe y, con esa actitud, acapara toda la atención para controlar la conversación. O, si su pareja le comenta: "Hoy me he sentido insegura en el trabajo; siento que no encajo", enseguida, el narcisista expresará: "Yo también me sentí así cuando comencé en mi trabajo, pero lo manejé de esta manera... y dije esto... e hice aquello...".

Esta dificultad de validar emocionalmente lo empuja a ignorar lo que tú estás compartiendo. Es raro escuchar en boca del narcisista frases como "Te entiendo", "Debe de haber sido difícil", "Gracias por compartir eso". Es decir, no tolera la vulnerabilidad ajena. Por lo tanto, todo lo transforma en una clase sobre cómo debería comportarse el otro, girando así la atención hacia sus logros, sus ideas y la clase magistral que da al dialogar.

El narcisista suele elaborar un monólogo ininterrumpido, que suele cerrar diciendo: "Ya está", sin consultarle al otro qué opina, qué piensa. De este modo, su pareja guarda silencio sin haber podido expresar lo que sentía en su corazón. Queda silenciada, resignada, frustrada, desconectada. Por ello, finalmente, acaba por callarse.

"Mejor no hablo, para evitar interrupciones... ¿Qué tengo que decir? De todos modos, no es tan importante", piensa. Porque se siente invisibilizada. Es que siente que intentar hablar con alguien con estas características cansa. ¿Y qué ocurre cuando uno no es escuchado? El diálogo ha muerto. Lo que existe es un monólogo tedioso, en el que nos sentimos desvalorizados y con ganas de evitar este tipo de intercambio.

Si no te lo digo yo, ¿quién más va a ser sincero contigo?

¿Por qué cuesta tanto desengacharse?

Si tu pareja es narcisista, seguramente, recordarás que, en el comienzo de la relación, no se mostraba así. Todo lo contrario. Al principio, suele mostrar encanto, consideración y un brillo que te encandilará. Es muy hábil para hacer que confíes y, sobre todo, para hacerte sentir único y especial. Para ello, te halagará y te idealizará, pero ¡no te alegres mucho!, pues esto durará poco, ya que pronto comenzará a controlarte a través de críticas y exigencias constantes. Si las cosas no están funcionando muy bien, probablemente, hallará la forma de responsabilizarte y transmitirte culpa. En este sentido, los narcisistas tienden a desarrollar una narrativa donde son siempre las víctimas o los héroes de la historia, pero nunca los villanos. Si algo sale mal, es probable que te culpen a ti o a factores

Pregúntale a cualquiera, y te dirá que tengo razón.

externos, pues admitir un error o una debilidad es una amenaza para su visión exagerada de sí mismos.

"De acuerdo con Campbell y Foster (2002), esto afecta profundamente la autoestima y el bienestar emocional de quienes se relacionan con ellos"[12]. De este modo, su pareja comenzará incluso a dudar de sí misma, al extremo de pedir perdón por algo que no hizo. Esto se debe a que el otro se acostumbra a no generar conflicto para mantener la paz en la relación. No obstante, si el otro tiene la intención de fijarle un límite, el narcisista se enfurecerá o se mostrará indiferente. En ocasiones, no precisa provocar una discusión: le es suficiente echarle al otro una mirada de desprecio para transmitirle que algo "está mal" en este.

A todo esto, hay que sumar el hecho de que muy sutilmente irá aislando a su pareja. Como resultado, esta dejará de tener contacto con familiares y con amistades poco a poco, pero no porque el narcisista no se lo permita, sino porque le hace creer que su vida debe estar dedicada únicamente al otro. Si no es así, se lo hará saber con claridad.

¿En serio crees que alguien más te querría así?

12. https://www.therapyside.com/post-es/narcisista-pareja-como-detectarlo

El humor en la pareja narcisista

¿Has sentido alguna vez tus emociones minimizadas y tu capacidad burlada al interactuar con tu pareja? Observemos cómo actúa el narcisista en el marco de la pareja en una situación cotidiana:

> *Ella: —Me dolió que no me prestaras atención.*
> *Él: —He aquí la reina del drama otra vez.*
> *Ella se queda en silencio, sintiéndose ridiculizada.*
> *Él: —No te enfades.*

¿Qué hacer?

Si has convivido (o convives) con un narcisista, ya debes saber que la convivencia puede llegar a ser agotadora. Por este motivo, es muy importante que cuentes con herramientas adecuadas que colaboren para mantener tu bienestar cotidiano. En primer lugar, tienes que preservar tu tiempo. ¿Qué significa esto? Que tu vida no debe dar vueltas alrededor de lo que el otro quiere o siente. Haz una pausa a menudo y no le des explicaciones por todo. Por lo general, el narcisista no desea entender lo que te sucede, sino desequilibrarte. Presta atención a las señales de tu cuerpo, como sentirte cansado o ansioso, pues este dirá lo que tu boca calla. Por otra parte, procura tener momentos a solas para encontrarte contigo y salir, aunque sea brevemente, de la actitud defensiva. No respondas a provocaciones que no te conducen a ninguna parte y solamente te confunden más.

Frente a situaciones que se repiten, interpélalo con frases que hayas preparado con antelación, para evitar reaccionar impulsivamente.

> **No necesito tu aprobación para sentir lo que siento.**

Estas acciones pueden parecer insignificantes, pero tienen el poder de ayudarte a decidir si seguirás sobreviviendo en un vínculo tóxico, o comenzarás a recuperar tu propia vida.

"¿Qué podría hacer yo frente a tanto sufrimiento y control?", te cuestionas, quizás. Es esencial que no vivas todo esto en soledad. Procura tener gente de confianza que te apoye y te recuerde tu identidad y tu valor. No te agotes tratando de convencerlo o de cambiar su forma de ser, pues lo único que conseguirás es sentirte aún más frustrado.

Si no lo has hecho, considera elaborar un "plan de autocuidado": algunas ideas simples que seas capaz de llevar a cabo a diario. Aunque no lo creas, puede tratarse de una especie de mapa emocional para no sentirte perdido. Y siempre fíjale límites claros con firmeza y seguridad. Jamás te acostumbres al maltrato, a pesar de que busque hacerte creer que "son todas ideas tuyas". Por duro que sea, ya no esperes ser validado por tu pareja, porque esto nunca sucederá.

Recuerda algo importantísimo: cuando el narcisista llore para manipularte, dile con tranquilidad: "Si quieres, llora, pero solo eres responsable de tus emociones". Si explota en ira, recuérdale: "Que no pensemos igual no significa que te esté rechazando". Ante sus acusaciones, sostente en esta verdad: "El amor no consiste en decir siempre que sí. Amar es cuidarse". Y, frente a sus intentos de culparte, repite para ti mismo y para el otro: "Todos somos responsables de nuestro mundo emocional".

¿Te das cuenta? No estás frente a una gran batalla que debes luchar, sino a decisiones diarias que debes tomar y que tienen el poder de llevarte de vuelta a la vida que mereces (y que nunca deberías haber perdido).

Estrategias prácticas para conversaciones cotidianas

¿Qué tal emplear algunas de estas frases contundentes?

- "Si me sigues hablando así, no voy a continuar prestándote atención".
- "No voy a tolerar más tu descrédito ni tu desvalorización".
- "Hablaré cuando te calmes; debes hablarme bien, con respeto".

- "No tengo que explicarte nada, porque esta es una decisión tomada".

Siempre que sea posible, evita frases como estas:

- "¿Eres consciente de tu comportamiento?".
- "Mi única intención era ayudarte, ¿y así me pagas?".
- "Este no soy yo; tú me haces reaccionar así".

Ahora bien, si sientes que ya no puedes seguir en esa relación —porque es lo mejor para ti—, es fundamental tener en mente que no te será posible, sencillamente, anunciarlo y llevarlo a cabo. El final de un vínculo con este tipo de personas no suele ocurrir después de una única charla. Muy probablemente, en ese intercambio de palabras, el narcisista intentará manipularte, se enfadará y hará promesas que no piensa cumplir.

Después de todo lo que hice por ti, ¿así me pagas?

Por esa razón, antes de tomar esta decisión, es aconsejable que busques el apoyo de gente de confianza; también que reúnas todos los recursos materiales necesarios y de un lugar físico seguro.

Y, al mismo tiempo, cuida y prioriza tu mundo privado: tu rutina diaria, el contenido de tu teléfono y las redes sociales, y el territorio personal, que es sagrado. Recuerda que el "bombardeo amoroso" que, sin duda, el narcisista intentará (mensajes, regálos, pedidos desesperados, etc.) no es porque te ame, sino porque está buscando controlarte, o seguir controlándote. Y di solo lo que haga falta, sin entrar en discusiones que terminarán afectándote negativamente. Por otra parte, puedes llevar un registro de las experiencias vividas para, así, recordar la razón de tu decisión de terminar la relación.

Es que no sabía que te sentías así; ahora sí te entenderé. (Hasta la próxima discusión).

El fin de un vínculo narcisista puede resultar difícil, pero siempre te traerá paz y libertad.

A continuación, te invito a analizar en detalle qué ocurre si el narcisista es él o ella.

Cuando él es narcisista

En una relación atravesada por el narcisismo, las necesidades de ambos se cruzan, pero no coinciden. Él busca el control; ella, el vínculo. Él necesita admiración constante, mientras que ella anhela cercanía y verdad. Él reacciona desde un ego herido que no admite fallos ni matices; ella, desde una emoción auténtica que pregunta, que duda, que se abre. Pero, en ese intercambio desigual, ella siempre queda en desventaja. ¿Por qué? Porque, cada vez que intenta acercarse, él despliega estrategias emocionales sutiles, pero efectivas: desvía el foco de la conversación, minimiza lo que ella siente, invierte los roles para quedar como víctima y, cuando no logra dominar, aplica castigos pasivos como el silencio o la frialdad.

> *Sin mí, no eres nada... Tu familia ni te soporta, y tus amigos me dan la razón.*

A veces, la elogia, pero solo en función de su utilidad, no por quién es, sino por lo que le aporta. Y, cuando nada de eso alcanza, recurre a la comparación con otras mujeres, no como elogio ajeno, sino como una forma de minar su autoestima. Mientras ella se pregunta cómo salvar el vínculo, él lo usa como escenario para reforzar su propio reflejo.

> *Otras mujeres sí saben complacer a un hombre... Tú no haces bien ni eso.*

Conversación narcisista

Las siguientes situaciones cotidianas son algunas que suelen tener lugar en una pareja con estas características:

Es por la mañana...

Ella le cuenta un sueño que tuvo y que la movilizó mucho, pero él le responderá con indiferencia o cambiando el tema. Muy probablemente, le dirá: "Qué raro ese sueño..., seguro que te fuiste a dormir con el estómago lleno; yo soñé que...".

Tal vez, ella se atreva a decirle: "¿No tienes tiempo para que desayunemos juntos y compartir un ratito?", a lo que él le responderá: "Últimamente, todo te molesta".

Luego, llega el encuentro del mediodía... Veamos un posible escenario:

Ella le pregunta cómo va su día. Frente a ello, él responderá con un monólogo o con una queja. Y, si ella tiene ganas de seguir conversando y le comenta lo que le sucedió durante la mañana —como una charla con su jefe que resultó muy positiva— probablemente, le pregunte: "¿Y eso qué tiene que ver conmigo?". O, si ella le pide un favor que necesita que le haga por la tarde, él le contestará molesto: "¿Qué quieres, que, además de todo lo que hago yo, también me ocupe de eso?".

Ahora se encuentran en un momento de la tarde.

Si ella necesita un rato a solas, él lo vive como un rechazo. De inmediato le dirá: "Si quieres estar sola, dímelo. No me hagas sentir un intruso". Frente a un límite, siempre responderá con ironía: "La feminista apareció de nuevo".

Y llegó la noche:

Si ella intenta contarle una situación que le dolió, él expresará: "¿Ya vas a empezar con tu dramatismo otra vez?". Y, si en la intimidad, ella no tiene ganas, lo vivirá como un desprecio y una ofensa: "Entonces, no me busques cuando te conviene".

¿Te identificas con alguna de estas situaciones? Probablemente, sí, porque son mucho más frecuentes de lo que imaginamos.

¿Cuál es el enganche de ella?

Muchos se preguntan por qué es tan difícil salir de un entorno tóxico. Esta es la respuesta: porque, cuando alguien entra en nuestro círculo de intimidad afectiva, se crea un lazo emocional con esa persona. Desde la psicología, eso se denomina "apego". Por ejemplo, yo tengo dos lápices, y uno me lo regaló mi abuelo. Con este lápiz escribo siempre, hasta que un día lo pierdo. ¿Qué sucede frente a esta pérdida? Siento que he perdido algo de mi intimidad. Para mí, ese objeto tenía un afecto. Entonces, cada vez que yo escribía, pensaba en él y en cómo me leía cuentos de chico. Es decir que estaba "afectivizado".

En cambio, si pierdo el otro lápiz, no me importa ni me afecta de igual manera. Ambos lápices sirven para lo mismo, pero la primera pérdida me duele porque el objeto tiene una carga afectiva.

Otro ejemplo: cuando me entero de que se murió alguien en un país que no es el mío, pienso: "Pobre persona"; sin embargo, cuando parte un familiar, me duele, lloro y tengo que atravesar el duelo. ¿Cuál es la diferencia? Los dos se han muerto, pero una persona está afectivizada, mientras que la otra está desafectivizada.

¿Por qué, entonces, cuesta salir de la toxicidad narcisista? Porque se crea un vínculo debido a la intimidad afectiva. No se trata de que, si sufres en manos de un tóxico, tienes baja autoestima, lo que no te permite actuar. El tóxico no busca gente débil y fracasada. En realidad, el cazador pretende hallar presas buenas. Quienes salen a cazar un león viejo y dopado para después sacarse una foto con este son los narcisistas. ¡El verdadero cazador desea meterse en la adrenalina de la selva!

> *No eres tú. Despréndete de la culpa y reconócelo: el narcisista no va a cambiar; el primer paso para librarte es entender que no eres responsable de su conducta.*
> **Ramani Durvasula**

Ella no logra ver con claridad todo lo que le está sucediendo, aunque una parte de sí misma perciba cierto malestar. Además, carga en su propia voz la voz de él, esa que siempre la descalifica, que le susurra que nadie más podrá entenderla; que nadie la soportará; que estar con él es, en el fondo, una suerte de destino inevitable. Cada vez que intenta distanciarse, él vuelve con una versión encantadora, la misma que la enamoró al principio. Esos momentos buenos, inesperados y casi redentores la desarman. La confunden. Le hacen pensar que tal vez ha exagerado, que quizás él sí puede cambiar.

Este vaivén entre la herida y la caricia la mantiene atrapada. Poco a poco, sin notarlo, fue soltando vínculos, aislándose. Dejó de compartir lo que le sucedía, de buscar miradas externas que pudieran darle otra perspectiva. Y, en este encierro, fue adoptando un personaje que aprendió a habitar con destreza: "la que soporta todo". La que aguanta, la que entiende, la que no se queja. Como si resistir fuera una prueba de amor o una forma de demostrar que vale la pena. Pero, detrás de esta imagen fuerte, hay una mujer agotada, sola y con el corazón lleno de preguntas que ya no se anima a formular en voz alta.

Antes era alegre; ahora solo soy una sombra de lo que fui.

¿Te sientes identificada?

¿Qué hacer?

Si eres mujer y tu pareja es un narcisista, en primer lugar, debes ser consciente de lo que sientes. Para ello registra por escrito los pensamientos y circunstancias que pasan por tu mente y por tu vida diaria. Y, como ya hemos mencionado, procura estar en contacto con alguien de confianza ajeno a él. Provéete de un ambiente propio. Busca ayuda profesional. Haz uso de frases breves que fijen un límite. Por último, guarda información para ti misma como protección de tu ser interior.

Cuando ella es narcisista

Cuando la que posee rasgos narcisistas es ella, la relación también se vuelve dolorosa, aunque muchas veces no se note de inmediato. Estamos hablando de una mujer que necesita que la miren y validen constantemente, razón por la cual él deberá complacerla a cambio de un poco de paz. Si algo la incomoda, reaccionará con fuerza, por lo que a su pareja le convendrá responder con silencio, si lo que busca es que ella logre calmarse. No obstante, en medio de la discusión, la mujer tomará el control de la situación con firmeza, mientras él se enreda tratando de explicarse, como si siempre tuviera que defenderse. A los ojos de los demás, parece ser que ella es la que más sufre, y él, en contrapartida, el que nunca hace lo suficiente.

Un hombre de verdad sabría cómo tratarme/proveerme/satisfacerme.

La doctora Ramani Durvasula, psicóloga clínica estadounidense especializada en relaciones con personas narcisistas, explica que "las mujeres con rasgos narcisistas tienden a mostrarse inicialmente como altamente empáticas y comprometidas, pero esta fachada sirve para atraer validación externa. En el vínculo de pareja, la necesidad de control emocional se manifiesta a través de la culpa, el victimismo y la manipulación afectiva, más que mediante formas directas de dominación"[13].

"En las relaciones con mujeres narcisistas, a menudo hay una profunda falta de intimidad emocional y conexión genuina. El egocentrismo del narcisista y su incapacidad para empatizar con las emociones de su pareja pueden crear una sensación de distancia emocional y desconexión, haciendo que la pareja se sienta sola, incomprendida e insatisfecha. La falta de intimidad emocional en una relación con una mujer narcisista puede provocar sentimientos de aislamiento, resentimiento y una profunda sensación de negligencia emocional"[14].

¿Cuál es el "enganche" de él?

La mujer narcisista espera que él se acomode, que entienda sin preguntar. Por otra parte, se molesta si él no adivina lo que le sucede y, muchas veces, le recuerda todo lo que hizo por él como si fuera una deuda que todavía no terminó de pagar. Si él intenta poner un límite, lo acusa de ser frío o egoísta. A veces, no dirá nada y se encerra-

---

13. Durvasula, R. S. (2019). *Should I Stay or Should I Go? Surviving a Relationship with a Narcissist.* Post Hill Press.
14. Bonding, E. (2023). *Comprensión del trastorno de personalidad narcisista y femenina: rasgos, causas y tratamiento.* Amazon.

> **Siempre sacrifico todo por ti, ¿y así me pagas?**

rá, se deprimirá o se mostrará distante, como una forma de castigo silencioso.

Una mujer narcisista suele usar como herramienta la culpa, con el fin de ejercer control sobre el comportamiento y el mundo emocional de su compañero. A través de esta, lo manipula para que lleve a cabo cosas que, quizás, él no desea, o para que admita su responsabilidad por cuestiones que no lo son. Esta dinámica regular de culpa-obligación termina por esclavizar y agotar a ambos.

Permanece al lado de ella no porque no sea consciente de todo lo negativo, sino porque aún cree que, si realiza ciertos cambios, todo mejorará. Piensa que, si deja de equivocarse, si "se porta bien", regresará la mujer que conoció al principio de la relación. Sin duda, tuvieron momentos bonitos con brillo e intensidad, donde él sentía que ella lo veía y lo prefería sobre los demás. Y, a pesar de que ya casi no existen, la memoria de esa persona de la que se enamoró lo ayuda a seguir adelante.

Poco a poco, y sin ser consciente, fue alejándose de ciertas personas de su círculo íntimo, dejando de pasar tiempo con ellas para no tener que contar su realidad actual. Entonces, comenzó a dudar incluso de sí mismo y a preguntarse si es culpa de él, o si es el hecho de que ella no sabe cómo amar. En ocasiones, tiene la convicción de que ella no podría vivir sin él, y se apega a su papel: ser el que soporta, el que entiende, el que sostiene la relación. Pero no se da cuenta de que su actitud de

> *Eres el único que me entiende..., pero, últimamente, me fallas tanto...*

salvador solo lo lleva a perder su propia vida.

Las herramientas que ella utiliza a nivel emocional suelen ser sutiles, pero provocan un efecto notable. Por ejemplo, pasa de las lágrimas a la ira sin estadio previo, lo cual hace que el otro se sienta inseguro y acabe por hacer la voluntad de ella (por cansancio o por un sentimiento de culpa). En ocasiones, se coloca en el lugar de víctima frente a determinadas personas, pues escoge el momento y la compañía para desplegar dicha imagen de debilidad. Después de actuar así, suele mostrarse arrepentida, lo cual le trae a él aún más confusión, ya que no puede distinguir entre la ira verdadera en ella o una dinámica emocional de la cual lo obliga a ser parte, aunque no quiera.

Una mujer narcisista sabe a la perfección cómo jugar con la mente de su pareja, engañándola y manipulándola, con el objetivo de crearle condiciones emocionales de desequilibrio y de confusión. Por medio de negarle su cariño, brindar señales poco claras y generar conflicto sin razón, hace que él esté permanentemente analizándose a sí mismo, lo cual es provocado por la falta de autoconfianza que comienza a sentir. Cada vez que pelean, ella traerá situaciones pasadas que ya estaban terminadas y seguirá creando recuerdos negativos a futuro. Si en alguna ocasión habla bien de él, no es por su forma de ser, sino más bien porque hace lo que ella desea. Es decir, que lo halagará por su obediencia. De este modo, él terminará por vivir cuidándose de no provocar tempestades con ella.

¿Te sientes identificado?

Síntomas de un vínculo narcisista

Así, sin darse cuenta, él se va "apagando". Siente que camina con cuidado, que todo depende de cómo esté ella, que sus intentos por acercarse nunca sirven. Aunque él sea leal, ella desconfía. Es celosa y lo señala, lo corrige, lo descalifica con frases que lo dejan sin reacción. Y, cuando él empiece a destacarse o a sentirse bien consigo mismo, ella encontrará la forma de minimizarlo. Entonces, aunque no haya gritos ni escenas evidentes, algo dentro de él se irá quebrando.

Conversaciones narcisistas

Por la mañana, ella se mostrará fría o irónica, si él no se muestra disponible para lo que ella necesita.

Llega el encuentro del mediodía.

Él llega a la casa y le comparte un logro laboral, pero ella minimizará cualquier acción positiva de él. No solo eso: si, acto seguido, le cuenta algo personal, se ofenderá si él no responde de inmediato.

Por la tarde, si él no pudo pasar a buscarla a la hora que le prometió, lo interpretará como una señal de abandono; por ende, lo castigará con sarcasmos o con llantos.

Por la noche, las conversaciones girarán en torno a todo lo que ella hizo durante el día, lo que él deberá escuchar con comprensión. De lo contrario, no se detendrá en seguir expresando su malestar.

> *Podríamos ser felices si tú cambiaras..., pero nunca lo haces.*

Con el tiempo, este hombre se sentirá confundido y culpable; hasta dudará de su propia valía personal. Comenzará a caminar en su propia casa en puntas de pie para no molestarla, al mismo tiempo que dejará de compartir con ella lo que le sucede. Estos hechos no serán ignorados por su cuerpo y, tarde o temprano, le pasarán factura. Ningún ser humano puede desconectarse de sus propias necesidades todo el tiempo.

Es importante tener en mente que no nos hieren porque no valemos, sino porque la persona narcisista precisa hacernos sentir mal; también que, si bien todos poseemos algún rasgo de este tipo, alguien tóxico tiene un sistema disfuncional que lo lleva a buscar dañar al otro y hacerlo sentir mal (para sentirse bien él, en este caso). Muchas víctimas piensan: "No sirvo…, siempre me pasa lo mismo…, siempre repito las parejas abusivas, etc."; pero, en realidad, tenían algo que el otro envidiaba y, como un cazador, buscó destruirlo.

¿Qué hacer?

Si eres hombre y tu pareja es una narcisista, en primer lugar, provéete de tu propio ambiente. Aunque te resulte incómodo, rotula tus emociones. Para ello, puede ayudarte escribir las ideas que te surjan a menudo. Busca consejo de alguien ajeno a la relación. Sé consciente de la diferencia entre cuidar y sobrevivir. No creas que eres responsable de cada problema que surge. Y, por último, presta atención a las señales de tu cuerpo.

Para concluir, ya sea él o ella el narcisista, la clave para no caer en las garras del tóxico, o para salir de la toxicidad si ya hemos caído en esta, es trabajar en nosotros para saber con certeza quiénes somos y cuánto valemos. Es decir, amarnos equilibradamente para ser capaces de respetarnos, cuidarnos y convertirnos en un imán que atraiga todo lo mejor a nuestra vida.

La sexualidad narcisista

Él: —*Estuviste muy bien hoy... Esa es la razón de que me agrades tanto.*

Ella: —*¿Alguna vez pensarás en cómo me siento yo?*

Él: —*Si estás a mi lado, seguro que te sientes muy bien porque nadie te podría dar lo que yo te doy.*

Ella: —*Me encantaría que las cosas cambiaran, que alguna vez te centraras un poco en mis necesidades.*

Él: —*¿Ya vas a empezar con lo mismo otra vez? Yo cubro todas tus necesidades como nadie más lo haría... ¡yo te hago feliz! ¿Quién te va a querer como yo te quiero?*

¿Has estado alguna vez con una persona que se jactaba de dártelo todo cuando intimabais, pero a la vez te demostraba con su actitud que tu placer no era importante? ¿Has tenido un vínculo donde todo estaba supeditado al deseo del otro, mientras que tus necesidades siempre estaban en segundo lugar? Y esto, sin duda, hacía que te sintieras confundida y triste, como si tú fueras responsable de todo. Tal vez la combinación de sentirte necesitada de validación, culpable y, al mismo tiempo, atraída hacia él te ha arrojado inconscientemente a esa relación tóxica, donde tu voz se ha acallado.

El hecho es que la sexualidad del narcisista nunca está desligada de su manera de ser y de su personalidad.

Este tipo de personas vive su sexualidad "narcisísticamente", es decir, de la misma manera.

¿Te ha ocurrido tener la sensación de que la intimidad con tu pareja tenía el único objetivo de satisfacer sus deseos, mientras que tus necesidades pasaban desapercibidas? ¿O has pasado momentos en los que ambos disfrutabais de ese instante? Más allá de lo que hayas vivido, debes saber que la sexualidad del narcisista puede ser considerada desde dos ángulos. A saber:

- **Lo que revela del propio narcisista.** Para él (o para ella), el acto sexual es una prueba de poder y de atractivo, más que un acto de intimidad afectiva. Necesita ganar, sentirse dominante, insaciable, deseable. Esto significa que transforma la sexualidad en un "show" para sí mismo, lo cual le permite desconectarse afectiva y emocionalmente, dado que el objetivo de la *performance* es "Mira lo que puedo lograr".

Soy el mejor que vas a tener.

- **La utilidad que le brinda.** Utiliza la sexualidad como forma de control, ya sea como premio o como castigo. La retira para castigar. A veces, provoca el deseo, pero luego se retira frustrando a su pareja y haciéndola sentir insegura. Cuando el sexo deja de ser un desafío o un trofeo para el narcisista, a menudo, su libido disminuye o desaparece. Esto lo lleva a la búsqueda de nuevas infidelidades para procurarse nuevas maneras de sentirse admirado.

¿Qué le sucede a la pareja del narcisista?

Cuando la pareja de un narcisista no logra comprender este guion sexual —que el otro armó— de cómo funciona, tratará de mantener la relación a toda costa, incluso sacrificando su propio placer en función del placer del otro. A veces, el deseo de redención y la búsqueda de conexiones afectivas conllevan una gran inversión de afecto y de desgaste que, como vemos, raramente funciona. Así, la persona acepta el encuentro cuando esta no quiere y el narcisista sí quiere; se establece, de este modo, un patrón de control donde la sexualidad no es abandono ni mutuo disfrute ni placer, sino una herramienta más que priva a su pareja de paz, lo cual genera un gran desgaste afectivo.

> *Si te portas bien conmigo, esta noche podemos.*

Muchas veces, algunos narcisistas evalúan y analizan a su compañero no narcisista con expresiones como "Qué mal estuviste", "No me excitaste", "Fuiste un desastre", "Estás reprimido", etc. Al hacerlo, menoscaban al otro puntuándolo de manera violenta y descalificándolo como si fueran profesores molestos que les ponen

Deja que yo te enseñe: tú no sabes.

un examen a sus alumnos ingenuos.

Has sentido alguna vez que, al intimar, algo se apoderaba de ti sin saber bien la razón? Como si hubieras sido atrapado en un conjunto de herramientas sutiles que tu pareja usaba para retenerte... Observemos a continuación algunas de las técnicas a las que suele recurrir el narcisista en la intimidad para ejercer control y fomentar la codependencia:

- **Acusarte de lo mismo que él hace.** Esta actitud es muy similar a la del celoso que, muchas veces, acusa de un posible engaño a su pareja cuando la persona que ha cometido el engaño es él mismo, o fantasea con llevarlo a cabo. Es decir, la proyección inversa consiste en acusarte de lo que el otro hace para que uno se termine defendiendo de algo que nunca hizo. Por ejemplo, te acusa de mentir cuando es el otro el que oculta cosas; de esta manera, logra desviar el foco de atención.

  Con esa actitud olvídate de que pase algo.

- **Reaparecer después de un tiempo.** "Holis, ¿has visto que ha llovido hoy?". No reaparece ni con disculpas ni con promesas, sino con comentarios neutros e inofensivos. De esta manera te tantea, lo cual se conoce como *hoovering*: táctica de manipulación emocional encubierta.

- **Dar un mensaje indirecto o realizar una comparación indirecta.** Esto se trata de una triangulación pasiva, donde introduce un tercero y comenta: "Mira Paula: ella siempre me escucha". De este modo te compara y te hace competir de manera sutil.

  Cualquiera daría más que tú en la cama.

- **Provocar.** El narcisista, con un gesto o con un comentario calculado, provoca tu reacción de forma exagerada. En la jerga psicológica, esto se conoce como *baiting* (que significa 'carnada'). Y luego hace uso de esta reacción desproporcionada para mostrarte que tú eres el problema. Por ejemplo, realiza un comentario hiriente, tú reaccionas intempestivamente, y

  Si me amaras de verdad, sabrías cómo darme lo que quiero.

  luego te deja claro que tú eres el "loco" de la pareja.

- **Atacar primero.** Por lo general, el narcisista, cuando está a punto de ser descubierto (por algo que hizo o no hizo), ataca primero. Por ejemplo, llega tarde y, si tú reaccionas, inmediatamente dice: "Tú siempre me estás controlando; estoy cansado de tu agobio". Así, utiliza la neutralización antes de que el otro le pueda hacer algún planteo. Recordemos que el narcisista da afecto

183

en forma de "bombardeo de amor", y luego se esconde, se vuelve frío para que uno ingrese en este ciclo tan frecuente suyo de hacerte pasar una tarde o noche maravillosas, llenas de sexo apasionado, y luego, por la noche o al otro día, introducir un gran silencio o un desplante. Así es como se genera la adicción emocional.

Así como estás, no me das ganas.

¿Te ves reflejado en alguna de las situaciones anteriores?

Y, si pasamos al ámbito privado de la pareja, podemos decir que "las mujeres con rasgos narcisistas, especialmente aquellas con un estilo grandioso, pueden utilizar la sexualidad como herramienta de manipulación y de validación. En lugar de buscar intimidad emocional, priorizan la admiración y el control, alternando entre comportamientos seductores y fríos según sus necesidades. La dinámica sexual suele ser unilateral, centrada en su propio placer o en la reafirmación de su poder sobre la pareja"[15].

Por otra parte, el narcisista solo está realmente interesado en ser elogiado y recibir placer. Está menos interesado en el placer de su pareja, a menos que, por supuesto, amenace su ego sexual pero, incluso entonces,

---

15. Malkin, D. (2015). _Rethinking Narcissism: The Bad —and Surprising Good— About Feeling Special._ HarperCollins. (Capítulo 7: "Narcissism in Love").

no es culpa suya. Tienen una conexión con su placer, pero no con la emoción. La experiencia sexual tiende a centrarse en ese placer personal. El aspecto emocional no es de interés para ellos[16].

William Master dijo que hacer el amor sin amor es como hacer gimnasia. El órgano más potente no son los genitales ni el cerebro, sino el corazón. La capacidad de amar al otro es un motivador y estimulante poderoso. El amor es el mejor estimulante, ya que este aumenta el deseo, y el deseo aumenta el amor. **Cuanto mejor se esté con uno mismo, más deseo se tiene.** Piensa en alguna cosa pequeña que pudiera ser interpretada por tu compañero como un acto de amor y, sin decírselo, hazlo, sorpréndelo. Cuando hay resentimiento interno, peleas sin resolver, entonces, se hace difícil que el deseo y la excitación aparezcan[17].

Después de cómo me trataste, no mereces que me acueste contigo.

¿Qué hacer frente a esta situación?

Ten claro que la intensidad afectiva en el narcisista es baja en la gran mayoría de los casos. Al principio, te hará sentir único, dado que suele premiar con creces las

16. https://www.psychologytoday.com/mx/blog/estas-teniendo-sexo-con-un-narcisista
17. Stamateas, B. (2010). *Pasiones tóxicas*. Planeta.

185

primeras experiencias sexuales y luego, al igual que en otros ámbitos, empezará a manipularte y a demostrarte que la sexualidad no era algo tan mágico como creías. Lentamente comenzará a descalificarte, a mostrarte su egoísmo, por lo que tú comenzarás a quedar en segundo plano.

De este modo, la sexualidad se convierte en una búsqueda para conseguir atención y afecto o para evitar conflictos. La intimidad emocional no crece, aun cuando la intimidad sexual sea diaria e intensa, y tú te sientes usado y racionalizas: "Debe de ser su manera de amar". Pero debes despertar a este guion y darte cuenta de que el deseo y los límites propios han pasado a un segundo plano y de que la sexualidad ha entrado en un estado de premio y castigo. Es decir, cuándo conviene y cuándo no. Entonces, comienzas a preguntarte si será amor o si te estará utilizando. Como consecuencia, tal vez ensayes distintos tipos de frecuencia y juegos sexuales, etc., en un intento por negociar inconscientemente (a veces, conscientemente) un poco de afecto.

Es importante recuperar la voz y deseo propios y, sobre todo, comprender que la intensidad de la primera etapa fue una estrategia, y no amor maduro. El hecho de fijar límites claros y atender al

Uno dice: "Mi ex sabía hacerlo mejor que tú". Respuesta: "No voy a competir con nadie. Si necesitas comparar, yo no participo".

miedo a no perder la pareja permiten que uno pueda explicitar lo que desea, lo que le gusta y lo que no le gusta. En resumen, la sexualidad tiene que ver con la intimidad, y no con utilizar al otro como un objeto de uso y de posterior descarte.

CAPÍTULO 8
Mi amigo narcisista

Narcisista: —Tienes que seguir mis consejos para que te vaya bien.

X: —¡No me digas! ¿Por qué razón?

Narcisista: —Porque yo sé qué es lo que hay que hacer en este trabajo. Tengo contactos y puedo ayudarte.

X: —¿Y qué me vas a pedir a cambio?

Narcisista: —Por ahora nada... Con el tiempo, veremos.

"Todo lo que te ocurre es porque eres demasiado sensible". ¿Alguna vez has recibido este comentario de un amigo narcisista? Como si ser sensible fuera algo negativo... En realidad, la intención detrás de esas palabras es descalificar lo que sientes y hacerte sentir mal por tu empatía o por tu vulnerabilidad. ¿Has tenido un amigo que estuvo cerca de ti solo mientras le fuiste de utilidad, pero luego se alejó cuando ya no podías ofrecerle nada? Estos vínculos tienen apariencia de intimidad y de fidelidad pero, en el fondo, se mantienen únicamente porque son convenientes. Cuando se cortan, te dejan una sensación de frustración que uno solo la percibe con el tiempo.

Frente a estos hechos, debes saber que no siempre somos heridos por quienes no nos quieren. En ocasiones, quien nos causa una herida es aquel a quien consideramos amigo.

Por ese motivo necesitas reconocer su forma de hablar, incluso cuando esa persona parezca amable; porque, en realidad, lo que está haciendo con esta actitud es esconder la manipulación y control que quiere ejercer sobre ti y sobre los demás.

> Yo solo digo la verdad, aunque duela.

En otro momento, tal vez te pregunte: "Pero ¿por qué te enfadas tanto si no fue mi intención herirte?". Dicha expresión busca deshacer el efecto logrado al mencionar su falta de intención de hacer daño. Lo cierto es que lo que busca con estas palabras es hacerte creer que eres un exagerado.

Otras veces, recurrirá al humor y, muy probablemente, dirá: "¡Era una broma! ¿Por qué te enfadas?". En este caso, lo que pretende, aun sin hacerse cargo de las consecuencias de sus actos, es herirte. Porque, de esta manera, te hace sentir torpe debido a tu reacción.

Ese amigo narcisista te manipulará abiertamente, sin sutilezas, y te dirá: "Sin mi amistad, estarías solo en el mundo". Esta es una estrategia para lograr que dependas emocionalmente del otro y quedes pegado a ese vínculo tóxico. ¿Te suena conocido esto?

Ahora bien, si te cuestiona cuando le cuentas que tienes una nueva amistad, en realidad, te está controlando: "¿Es fiable ese nuevo amigo que tienes? Claro, yo ya no te intereso". Con esta actitud (que, seguramente, te descolocará), pretende organizar tus vínculos y hacerte sentir que lo estás traicionando. Ante estos dichos, puedes responder: "Me gusta sumar amigos a mi vida, lo cual no te hace menos valioso para mí. Y ya soy mayor como para tener que rendir cuenta por mis amistades".

Otra de sus herramientas típicas es manejarte con la culpa. Por ejemplo, te dirá: "Nunca puedo contar contigo, pero yo siempre estoy cuando tú me necesitas". El objetivo, en este caso, es hacer que te sientas en deuda.

Deberías estar agradecido de que te dé algunos consejos.

El amigo narcisista, por lo general, monopolizará la conversación y será autorreferencial. También invalidará todo logro que le compartas y te interrumpirá cuando hables. Por ejemplo, dirá: "Eso que te sucedió no es nada comparado con lo que viví yo", o "Está bien, pero no sabes lo que me pasó a mí". En realidad, lo que necesita es recibir la atención de los demás todo el tiempo.

Por eso, si no lo elogias cuando le va bien o no lo validas cuando se siente mal, se molestará por no ser tenido en cuenta.

Si te relacionas con otras personas, procurará aislarte de ellas y las criticará, o hará uso del silencio para hacerte sentir culpable y bajo castigo. Esta dinámica, en una amistad, terminará desgastando el vínculo y, con el tiempo, te conducirá a la duda y a la confusión, incluso en cuanto a tu propia actitud. La mayoría de las veces, buscará invalidar tus sentimientos y hacerte sentir siempre en deuda por su amor.

Espero que no te olvides de quién fue tu verdadero amigo.

Tipos de amigos narcisistas

Te invito a analizar, a continuación, tres tipos de amigos con características narcisistas:

El encantador

Con su encanto, conquista a todos cuando están en grupo, pero luego te desacredita como amigo cuando están solos. Considera a sus amistades como "seguidores" de una red social, quienes deben estar pendientes de todos sus pasos. Si le muestras su actitud, te ignorará para castigarte o, directamente, se distanciará.

Tienes mucha suerte de poder contar conmigo...

La víctima

Todo el tiempo está mal por todo lo que le sucede. Por eso espera que lo comprendas, lo contengas y le resuelvas la vida siempre. Pero, si no puedes o no deseas hacerlo, te hará sentir culpable.

> *Todos piensan como yo, excepto tú, ¿quién será el que está equivocado?*

El ambicioso

Este amigo estará siempre compitiendo con los demás. Sin embargo, en el fondo, solo quiere ser el centro de atención en sus vínculos. Las equivocaciones ajenas son una plataforma para posicionarse por encima del otro.

¿Reconoces a alguno de estos amigos en tu vida?

Cómo no comportarse con un amigo narcisista

Ten en cuenta que no es necesario que le expliques absolutamente todo. Tampoco tienes que competir. No pretendas cambiarlo ni sientas pena por él. Tampoco le digas que sí (cuando deberías decir que no) por temor a cómo pueda reaccionar.

Qué sí hacer

Di las cosas abiertamente. No des vueltas a la hora de expresar lo que te sucede: "Me ha molestado que hayas invalidado mi emoción", o "Me ha desagradado la forma en la que te has referido a mí". Aun cuando el otro no acepte lo que dices, hablar con seguridad y firmeza le da su espacio a lo que de verdad sientes. Y hazlo cuando consideres el momento justo; que no sea él quien te marque los tiempos. Construye tus propias reglas en la relación. Tómate tiempo para responder, no siempre debes reaccionar de inmediato, en sus tiempos. Tampoco te muestres vulnerable (porque se aprovechará de eso), ni pretendas que te valide alguien que no es capaz de hacerlo.

Relaciónate con gente que pueda escucharte de verdad sin juzgarte ni maltratarte. Prioriza tu salud emocional. Retoma esas amistades de las que la persona narcisista, tal vez, te aisló, y atrévete a confiar en tu propia sabiduría. Por ejemplo, si te sientes incómodo, no sigas adelante.

Pero recuerda que nada de esto será fácil. Siempre que intentes fijarle un límite, seguramente, se inquietará y oirás algo como "No pareces el mismo. Estás actuando de manera extraña conmigo últimamente". Con su actitud pretende que no lo limites y que sientas culpa si lo haces. ¿Qué conviene que hagas frente a esta reacción suya? Puedes responderle con total tranquilidad: "Lo que te resulta extraño es que le estoy poniendo un límite a

> **Aprecio tus consejos, pero necesito tomar mis propias decisiones.**

tu comportamiento, lo cual es muy sano para ambos".

Déjale claro que su actitud te molesta y que ya no aceptarás sus amenazas, incluso aquellas que lleva a cabo de manera encubierta: "Si me vas a hablar de ese modo, prefiero que no seamos más amigos. Elijo una amistad donde

> **Es importante para mí que también escuches mis opiniones, no solo las tuyas.**

podamos hablar con respeto y consideración".

Al haber leído este capítulo, ¿has pensado en alguna persona en particular? Recuerda: en cuanto notes que ese vínculo de amistad con un narcisista está afectando tu salud, porque ha logrado que te sientas culpable y te ha herido, manipulado o aislado, ¡sal de ahí sin dudarlo! En esos casos, pon distancia con calma, simplemente, diciendo: "Me estoy cuidando la salud", "Voy a tomarme un tiempo para mí", "Esta relación no me hace bien" o "Así no voy a seguir adelante". Continuar una relación de este tipo dependerá de que el otro acepte los límites que le pongas y aprenda a vincularse contigo sanamente.

Capítulo 9
Jefe narcisista

Jamás olvidaré lo sucedido. Una vez acabada mi tarea mensual más desafiante, me dirigí a la oficina de mi jefe creyendo que, por lo menos, me felicitaría. Su primer comentario fue "Tu trabajo es muy bueno..." y, observándome de arriba abajo con una leve sonrisa que me incomodaba, agregó: "... considerando tu falta de experiencia". Entonces, mi mundo se derrumbó. Sentí un frío que me atravesaba todo el cuerpo. Sin duda, me había alabado pero, al mismo tiempo, me estaba apuñalando directamente en el corazón. Por un momento, la sensación fue de satisfacción; enseguida, de insignificancia, pues nunca lograba contentar a ese hombre.

¿Alguna vez has vivido una situación similar en tu lugar de trabajo? Estas y muchas otras son típicas de un jefe narcisista. Por eso es importante tener claro que no es lo mismo ser jefe que ser líder. "¿Por qué?", te preguntarás.

Porque un jefe es nombrado, mientras que un líder se gana su lugar en el grupo que lidera cuando su poder vuelve a su equipo en forma de servicio. Un narcisista nunca es líder: solo posee el título.

Las reglas son para los demás, y no para mí.

Ahora bien, ¿por qué el narcisista ama los espacios de poder? Evidentemente, para lograr controlar a los demás.

A continuación, te invito a considerar algunas trampas del jefe narcisista... Seguramente, habrás caído en algunas de estas y te sientes identificado porque, en todos los trabajos, sea el área que sea, es probable que te encuentres con un superior que actúe de esta manera. ¿Acaso hay alguien más importante que él? Para eso está el jefe.

Este tipo de jefe, por un lado, te dará una tarea difícil, imposible de realizar, o sin todos los recursos ni toda la información. ¿Cuál es su objetivo? Demostrar que fallaste, que no hiciste lo que se te solicitó, que no lo lograste. De esta manera, refuerza su poder y su descalificación. ¿Cómo te hace sentir con esta actitud? Por cierto, incompetente, aunque el problema sea que la indicación que se te dio o el pedido que se te realizó no haya tenido todos los elementos claros y explícitos para poder llevarlo a cabo. Ten en cuenta que una de sus tácticas es "delegar engañosamente".

El jefe narcisista siempre te va a pedir algo para frustrarte y, de este modo, mantener su poder.

Por otra parte, te prometerá un aumento o un ascenso, el cual nunca llegará, porque se trata solo de una "promesa flotante": te entrega una zanahoria, que irá corriendo metro a metro. De esta manera, logra que trabajes más, que no exijas, que no te enfades y que te mantengas en tu lugar, ya que has sido atrapado por la ilusión de la zanahoria o "ilusión de la recompensa".

> No se lo digas a los demás, pero eres mi favorito/a. Solo te lo digo a ti.

¿Te ha pasado el pensar que tu jefe te estaba mentoreando, brindándote herramientas constructivas y consejos cuando, en realidad, estaba escondiendo el germen del veneno? Jefes que te felicitan y, al mismo tiempo, te descalifican. (Es decir, te dan un *"feedback camuflado"*). Otros utilizarán "la comparación" para hacerte sentir la nada misma. Siempre habrá un compañero que lo hace mejor que tú, con el cual vivirán comparándote y midiéndote. Aun cuando en el lugar de trabajo no se deba comparar a nadie con otro, al narcisista no le importa. ¿Por qué lo hace? Para mostrar tus falencias y generar también competición interna, deslealtad y chismes. Nuevamente, lo que intenta es frustrar tu crecimiento.

Otros jefes, en cambio, presentarán tus ideas como si fueran suyas, como si hubiesen surgido de ellos. Esta acción, en psicología del maltrato, se denomina "robo de méritos". Estas son sus frases más comunes: "Tú tienes trabajo gracias a mí", "Tú lo has conseguido porque yo te ayudé". De esta forma, mantiene su imagen de líder y logra frustrarte. Recuerda que el narcisista dice una cosa pero, en el fondo, su único anhelo es ser el único que brille para opacar al resto. Es por eso por lo que hará suyos tus méritos. Te los robará y se apropiará de estos.

Tú solo ejecutaste, pero la idea y la estrategia fueron mías.

¿Te sucedió en alguna ocasión sentir que estabas en una situación de emboscada con tu jefe? ¡A mí sí! Fui convocado a una "reunión informal", junto con todo el equipo de trabajo, sin explicarme bien de qué se trataba. Cuando llegué, él ya estaba ahí con varias personas alrededor, sonriendo como si nada.

Jefe: —¡Hola! Quería aprovechar la oportunidad para mostrarles a todos el trabajo que realizaste —dijo dirigiéndose a mí—. Bueno, estuvo… bastante bien, teniendo en cuenta tu nivel de experiencia. Pero cometiste algunos errores…

En este tipo de reuniones, espontáneamente expondrán tus errores, te humillarán, te compararán. El objetivo es menoscabar tu autoestima delante de los demás.

¿En serio te vas a la hora de salida? Un profesional comprometido se queda hasta que termina.

Otros jefes narcisistas no te responderán. Actuarán bajo la "técnica del silencio". Les envías mensajes, wasaps o mails, pero no se dan por notificados. Así, mantienen el control de la comunicación y deciden cuándo responder y cuándo no. De este modo, generan en ti una gran incertidumbre. Te preguntas: "¿Por qué no me responde? ¿Habré hecho algo mal?".

Pero el narcisista que está por encima de ti no solo no te responderá, sino que, además, cambiará las reglas sobre la marcha: lo que ayer te dijo que había que hacer hoy es un error. Esto provoca algo muy frecuente que, en estos casi cuarenta años de terapeuta, he escuchado una y otra vez de boca de las parejas de los narcisistas y de los psicópatas: "Caminaba sobre cáscaras de huevo, vivía de incertidumbre en incertidumbre. Siempre debía adivinar qué era lo que quería que hiciera". O, como me ha dicho más de una persona: "Vivía en una montaña rusa emocional con subidas y bajadas impredecibles y desgastantes".

> **Si no estás contento, la puerta está abierta. Hay cientos de personas que quieren tu puesto.**

Como nada le alcanza para subestimar al otro, el jefe narcisista te meterá en peleas que no son tuyas. Utilizará a terceros: como es un experto en triangular, te utilizará como mensajero o, en lugar de darte *feedback* directamente, te enviará mensajes a través de terceros, distorsionando lo que hiciste o dijiste. Obviamente, lo hará para evitar la confrontación directa.

> **Cuando yo tenía tu puesto, lo hacía mucho mejor y en la mitad de tiempo.**

En otras situaciones —las cuales las estudia premeditadamente—, te comparará con otros de manera indirecta: un mecanismo sutil, que consiste en una triangulación pasiva. Introduce a un tercero y te comenta: "María siempre me escucha". Con un gesto y comentario calculados, provoca tu reacción de forma exagerada. Luego, utilizará esa reacción tuya desproporcionada para mostrarte que tú eres el problema. Por ejemplo, te hace un comentario hiriente, tú reaccionas intempestivamente y, a continuación, te muestra que "siempre eres la loca o el loco". Así, te compara y te obliga a competir de manera disimulada. ¿Qué habrá logrado con este comportamiento? Provocarte y que caigas en su trampa.

Ten en cuenta que, cada vez que el narcisista está a punto de ser descubierto por algo que hizo mal, ataca primero: te atacará anticipadamente. Por ejemplo, llega tarde, tú se lo haces notar y te comenta: "Me estás controlando todo el tiempo; estoy cansado de tu agobio". De esta manera, hace uso de la neutralización antes de recibir algún planteo.

Somos una familia. Recordemos que el narcisista da afecto y lleva a cabo un "bombardeo de amor", al principio. Luego, de repente, se vuelve frío para que la otra persona entre en este ciclo tan frecuente de pasar de un momento o día entero maravillosos a sufrir el silencio y el desplante. De esta manera, le provoca "adicción emocional".

¿Qué hacer en el ámbito laboral con un narcisista?

- Pedir siempre la tarea por escrito: datos específicos, alcance de los recursos, plazos, días, fechas, etc., para dejar todo registrado. Decirle: "Necesito esto...", o "Me falta esto...", para contar con un registro.
- Solicitar los plazos y criterios concretos: "¿En qué fecha debo presentar esto?, ¿de qué manera?". Esto lo obligará de nuevo a ser más específico, lo cual te permitirá no caer en su trampa. La información y el hecho de no defenderte te va a permitir maniobrar y tener el timón del barco. Por ejemplo, puedes preguntar: "¿Qué cambios concretos sugiere para el próximo trabajo?". Esto obliga al narcisista a hablar de hechos, y no de juicios vagos o ambiguos, manipuladores.
- Si te compara con alguien, no te defiendas. Convierte la comparación en algo técnico. "¿Qué prácticas de esta persona me sugiere que me aplique?". Así, le quitas la carga emocional al dato comparativo. Documenta cada avance y, si es posible, envíalo con copia a otros con el siguiente mensaje: "Adjunto el progreso del proyecto x". Lo que lograrás con esto es protegerte sutilmente de la manipulación. En las reuniones, de ser posi-

ble, pide una agenda previa de quiénes estarán y toma nota de todo lo que suceda, para contar con tu versión del encuentro. Confirmar por escrito los procedimientos evita confusiones y te cubre en ciertos aspectos. Ten coherencia entre lo que dices en público y lo que dices en privado, dado que cualquier vulnerabilidad o sensibilidad de tu parte puede ser usada en tu contra.

- Frente a la agresión emocional o a la descalificación, no respondas rápidamente. Tómate un tiempo para meditar en lo sucedido, pensar y actuar estratégicamente. Y, como ya mencionamos, recuerda que, cuando el narcisista te invita a su batalla, aunque la ganes, ya perdiste, porque no la elegiste tú, sino él o ella en tu lugar.

Epílogo

Es todo un logro que este libro haya llegado a tus manos. No es sencillo darse cuenta del funcionamiento del narcisismo ni de lo que causa en las relaciones interpersonales. Se necesita valor, sinceridad y un anhelo profundo de soltar esas dinámicas que tanto lastiman.

La presente obra no pretende animarte a comenzar una "caza de narcisistas", sino, más bien, enseñarte a cuidar tu integridad, tu valía, tu voz. Tus pensamientos, tus emociones y tus sueños son muy importantes. Nadie debería callarte ni manipularte ni disminuirte. Todo ser humano merece vivir libremente y ser respetado.

Es posible relacionarse con otros de manera sana. Cuando lo hacemos, nos escuchamos y nos cuidamos mutuamente. Necesitamos saber que no podemos cambiar a nadie, pero sí uno puede elegir la manera de cuidarse, de fijar límites y de saber a quién abrirle su corazón.

Si el contenido de este libro ha sido de ayuda para que identifiques tus vivencias y le digas "hasta aquí he llegado" a quien corresponda, o para volver a confiar en ti mismo, ya habrá alcanzado su objetivo.

A partir de ahora, seguirás adelante por tu cuenta, pero con la confianza y seguridad profundas de que eres merecedor de forjar vínculos sanos y de disfrutar un amor verdadero sin engaños de ningún tipo.

Bibliografía

Ambruzia, Karolitta. *Hijos adultos de padres narcisistas.* Independently published. 2023.

Behary, Wendy. *Cómo desarmar al narcisista. Sobrevivir y desarrollarse junto a un egocéntrico.* Editorial Pleyades. 2018.

Bonding, Eric. *Comprensión del trastorno de personalidad narcisista femenina: rasgos, causas y tratamiento.* Amazon. 2023.

Bouchoux, Jean-Charles. *Los perversos narcisistas.* Arpa editores. 2023.

Bright, Michelle Luna. *Empáticos y Narcisistas. Guía de supervivencia para personas altamente sensibles.* Independently published. 2022.

Caparrós, Nicolás. *Del narcisismo a la subjetividad: el vínculo.* Biblioteca Nueva. 1998.

Durvasula, Ramani S. *Should I Stay or Should I Go? Surviving a Relationship with a Narcissist.* Post Hill Press. 2019.

Erikson, Thomas. *Rodeados de narcisistas. Cómo detectar, esquivar y protegerte de las personas tóxicas.* Planeta. 2024.

Foster, Caroline. *Padres narcisistas.* Independently published. 2021.

Green, André. *Narcisismo de vida y narcisismo de muerte.* Amorrortu. 1986.

Hill, Linda. *La recuperación del abuso narcisista.* Peak Publish LLc. 2022.

Hornstein, Luis. *Autoestima. Narcisismo y valores sociales e identidad.* Fondo de Cultura Económica. 2011.

Hornstein, Luis. *Narcisismo. Autoestima, identidad, alteridad.* Paidós México. 2015.

Hoskins, James. *El narcisismo y la recuperación. Del abuso narcisista.* Editorial Sam Gavin. 2021.

Keith, Davidson. *Cómo tratar con madres o padres narcisistas.* Editorial María Fernanda Moguel Cruz. 2021.

Lasch, Christopher. *La cultura del narcisismo.* Editorial Capitán Swing libros. 2023.

Lowen, Alexander. *El narcisismo. La enfermedad de nuestro tiempo.* Editor digital Titivillus. 1985.

Malkin, D. *Rethinking Narcissism: The Bad —and Surprising Good— About Feeling Special.* HarperCollins. (Capítulo 7: "Narcissism in Love"). 2015.

Marquilla, Matthilda. *Coparentalidad con tu exnarcisista.* Independently published. 2023.

Miller, A. *The Drama of the Gifted Child.* Basic Books. 1979.

Millon, Theodore; Davis, Roger. *Trastornos de la personalidad. Más allá del DSM-IV.* Ediciones Masson. 2000.

Millon, Theodore; Grossman, Seth; Millon, Carrie, Meagher, Sarah; Ramnath, Rowena. *Trastornos de la personalidad en la vida moderna.* Masson. 2006.

Stamateas, Bernardo. *Pasiones tóxicas.* Planeta. 2010.

Stamateas, Bernardo. *Más gente tóxica.* Ediciones B. 2014.

Zaragossa, Anellita. *Hijas de madres narcisistas.* Independently published. 2023.

Links electrónicas

https://psicologiaymente.com/biografias/theodore-millon

https://www.psicoletra.com/2013/08/trastorno-narcisista-y-narcisismo.html

https://www.psychologytoday.com/mx/blog/estas-teniendo-sexo-con-un-narcisista

https://aela.es/psicologia/trastorno-narcisista-de-la-personalidad-dsm-v/#subtitulo_1_caracteristicas_principales_del_trastorno_narcisista_de_la_personalidad

https://www.psiconetwork.com/gaslighting-manipulacion-psicologica-y-control-mental/

https://www.psychologytoday.com/es/blog/10-senales-de-un-padre-narcisista

https://saposyprincesas.elmundo.es/crianza/senales-ninos-narcisistas

https://doi.org/10.1111/j.1467-6494.2008.00492.x

https://www.therapyside.com/post-es/narcisista-pareja-como-detectarlo

https://www.therapyside.com/post-es/narcisista-pareja-como-detectarlo

Campbell, W. K., & Foster, C. A. (2002). Narcissism and commitment in romantic relationships: An investment model analysis. *Personality and Social Psychology Bulletin, 28*(4), 484-495. https://doi.org/10.1177/0146167202287006